捨てられる土地と家

米山秀隆

ウェッジ

はじめに

全国で空き家、空き地が急増し、そのうち登記簿などの台帳を見ても直ちに所有者にたどり着くことが難しい所有者不明の物件が増えている。

空き家は、相続によって保有するケースが最も多い。引き継いだ家を手放すのには抵抗があるが、管理負担や固定資産税などの税負担、さらには崩れ落ちて通行人などに被害を与えた場合の責任（工作物責任）などを考慮すると、いつまでも持ち続けられるものではなく、手放したいとの意向を持つ所有者は増えている。

しかし、なかなか処分できず、中には売り手が買い手に、家の中に残した家財道具の処分費用などとしてお金を支払うことで、実質、マイナス価格で売却する事例も出てきている。価値が残ると思って取得したはずの不動産が、マイナス価値の「負動産」と化してしまった例である。

それでも買い手が現れればまだよいが、立地条件の悪さなどから売ることができず、また、自治体に寄付したくても、自治体は原則、寄付は受け取っていないため、相続人が空き家を抱え続けなければならない状況に追い込まれているという例は多い。価値を持たないそうした物件は、相続時に積極的に登記を行うメリットがないために、相続未登記が繰り返されると、所有者にたどり着くことが難しい所有者不明の物件となる。

そうした物件が増えつつある現在、その管理を最終的に誰が担うのかという問題が発生し、事態は深刻化しつつある。

戦後から高度成長期にかけて住宅不足の時代が続き、大量の住宅を供給すべく、市街地が広げられ、農地の宅地への転用もなされて、まちは外縁部にどんどん広がっていった。親の世代は戸建てマイホームの夢を叶えるため、多少通勤時間が長い立地の住宅でも取得したが、子どもの世代は引き継がなくなり、相続放棄が増えている。郊外化が進む過程で、中心市街地の衰退が進み、中心市街地は開発から時が経ち、権利関係が複雑になっているケースも少なくなく、都心であっても所有者不明となって、次の利用に支障をきたす例も出ている。

こうして、条件の悪い家・土地から所有者不明になるものがじわじわと増えている。宅地のみならず、農地や山林でも人口が増える時代には必要とされたものが、農産物や木材需要の減少に伴い、立地条件の悪いところから相続未登記などの理由により、所有者にたどり着くことが難しくなっている。

さらに将来においては、都市部を中心に大量に供給された分譲マンションの行く末が懸念される。所有者不明となった場合、戸建てや土地よりも処分に窮する事態が予想される。

捨てられる家・土地が増える時代にあっては、家を持つことの意味が問い直されるようになっている。バブル崩壊前の、地価が右肩上がりに上昇し続ける土地神話の時代においては、より早く家を取得できればそれだけ得をすることになり、持つことは合理的な行為であった。バブル崩壊後は、地価が上がり続けるという意味での土地神話は崩壊したが、値段が下がったことにより取得が容易になり、保有志向が崩れることはなかった。

しかし、現在、持ったことの結果として、子どもも引き継がず売るに売れない家を抱え、それればかりか危険な状態になった場合の責任を問われる時代となり、本当に保有したことがよかったのかと、自問せざるを得ないような状況も生じている。

筆者は数年前、北海道のあるまちを訪ねたが、そこで空き家をマイナス価格でようやく売却することができた事例を教えてもらった。そうした事例を目の当たりにすると、「引き継ぎ手がいない自分もいずれ家の処分に窮することは必至で、生まれ変わったらもはや家は持つ必要はない」と語る人の姿を見た。

こうしたことも踏まえ、筆者の考える今後持ってもよい家の条件は、「出口」のある物件である。

出口があるとは、将来的に不要となった場合でも、少なくとも土地の価値は残り、必ず売却できる立地にあるということである。そうした物件であれば、「負動産」になることはない。

また今後においては、様々なリスクに直面するかもしれない所有にはこだわらず、必要なときに一時的に利用できればよいと割り切り、定借（定期借地権付き）物件などに目を向けることも一つの手である。現在は、そうした需要に応える仕組みも登場している。

本書の構成は、以下の通りである。第1章では、空き家、空き地、所有者不明土地の実態と、なぜそうした物件が発生しているのかについて考える。このまま推移した場合の将来予測も含め、基本的な情報を提供する。

第2章では、現状で講じられている空き家、空き地、所有者不明土地に関する対策と、一部ビジネスとして立ち上がっている事例を紹介する。現在においては、低価格ないしマイナス価格でも、目ざとくビジネスとして成り立たせる、「負動産」活用ビジネスとも言えるものが登場している。

第3章では、より根本的な対策としてのまちづくりの問題について論じる。人口増加時代にまちを広げ、その後人口減少で価値がなくなって捨てられる家・土地が増えた以上、今後は人口減少に見合った範囲にまちをたたんでいく必要がある（コンパクトシティ政策）。同時に、今後もまちとして残すエリアについては積極的にその価値を高めていく必要がある（エリアマネジメント）。

コンパクトシティ政策については、空き家対策と連動させた自治体の事例、エリアマネジメントについては、そもそも空き家を発生させないまちづくりに取り組んだ事業会社の事例や空き家、空き地が大量に発生したケースで、NPOなどが仲立ちになり、次の利用や区画整理につなげた事例を紹介する。

第4章では、より根本的な対策としての空き家や所有権に関わる新たなルールを提案する。

一つは空き家の解体費用の事前徴収の仕組みであり、これは今後、家を持つ場合、将来必要になる解体費用を積み立てていくか、最初に一括して支払うか、というものである。現状において、自治体が解体の代執行や解体費用の補助によって公費負担が増えている問題があるが、これに対し所有者が必ず解体費用を確保しておく仕組みにすれば解決するとの発想に立つものである。自動車購入時にリサイクル費用を支払うのと、基本的に同じ考え方である。

人口増加時代においては、所有者の子どもをはじめ、その家・土地を引き継ぐ人が出てくる可能性が高く、最後の解体の問題は考えなくともよかった。しかし、人口減少時代においてはそのような可能性が低くなっており、最初に持った人が解体の問題を心配しなければならない時代になりつつある。

もう一つの提案は、土地の所有権放棄ルールである。現状では、売るに売れない物件について相続時に放棄すれば手放すことも不可能ではなく、このほか相続未登記によって事実上、放棄される場合もある。こうしたなし崩し的な放棄が増えるのを防ぐため、今後はむしろ有料で放棄できる放棄の一般ルールを作り、積極的に公的管理に移していくという考え方である。

人口減少時代においては、所有権を引き継ぐ人が必ず現れ、未来永劫、管理が行われ続けることは難しくなっているが、そうした土地の受け皿を作るべきという提案である。これは所有者が、放棄料というマイナス価格で公的主体に土地を売る仕組みと言い換えることもできる。公的主体は、放棄料をその後の土地管理費用に充当していくことになる。

所有者不明土地問題の解決策としては、現状において義務ではない登記の義務化により、所有者を常に追跡できる仕組みに変える必要性が指摘されることがある。しかし、義務化に実効性を持たせるため、罰則を強化することは難しいと考えられている。

むろん、登記費用を下げるなどの措置によって登記を促すことは必要であるが、ここで主張したいのは、完璧な台帳を作るなどといった不可能に近いことを志向するよりは、放棄したくなった場合には有料という条件付きではあるが放棄を認め、積極的に公的管理に移していくほうが、次の利用につなげやすくなるのではないかということである。

またこれは、人口減少時代において国土の荒廃を防ぐ観点から、不要となった土地の公的管理の必要性が高まっていくことに対応するものでもある。

ここで述べた二つの仕組みが導入されれば、今後、家を持つ場合には解体費用があらかじめ確保されることになり、寿命が尽きたらそのお金で解体し、跡地については次の利用者が現れない場合は、放棄料を支払うことで公的管理に移す形になる。家の取得時の負担が高まり、最後に手放すためにもお金を支払わなければならないという点で、所有することとその後に放棄する場合の責任が徹底されることになる。

第5章においては、空き家や空き地を所有してしまった場合の所有者の選択肢と、今後、家を持つ場合にどのような観点に留意すべきなのかについて論じる。すでに「出口」のある物件を選ぶべきとの答えは述べてしまったが、最近登場した、必ず「出口」のある物件供給の仕組みも紹介する。こうした仕組みは、所有よりは利用を優先するものである。

本書により、空き家や空き地、所有者不明土地問題に関する新たな理解と、現に空き家や空き地を抱える人、また、今後家を持ちたいと希望する人が何がしかのヒントを得られるとすれば幸いである。

本書を刊行するにあたっては、ウェッジの山本泰代氏に大変お世話になった。深く感謝申し上げる。

2018年7月

米山秀隆

捨てられる土地と家　目次

第2章 現状の対策

第3章 より根本的な対策①——まちづくりとの連動

第5章 価値の残る不動産を持つために

第1章

空き家・所有者不明土地の実態

section 1

空き家の実態と将来予測

全国の空き家率

5年に一度行われている総務省「住宅・土地統計調査」によれば、2013年の全国の空き家数は約820万戸、空き家率は13・5％と過去最高を記録した（図表1－1）。

空き家には、「売却用」「賃貸用」「二次的住宅（別荘等）」「その他の住宅」の4つの類型がある。このうち特に問題となるのは、空き家になったにもかかわらず、買い手や借り手を募集しているわけではなく、そのまま置かれている状態の「その他」の空き家である。

図表1-1　空き家数の推移

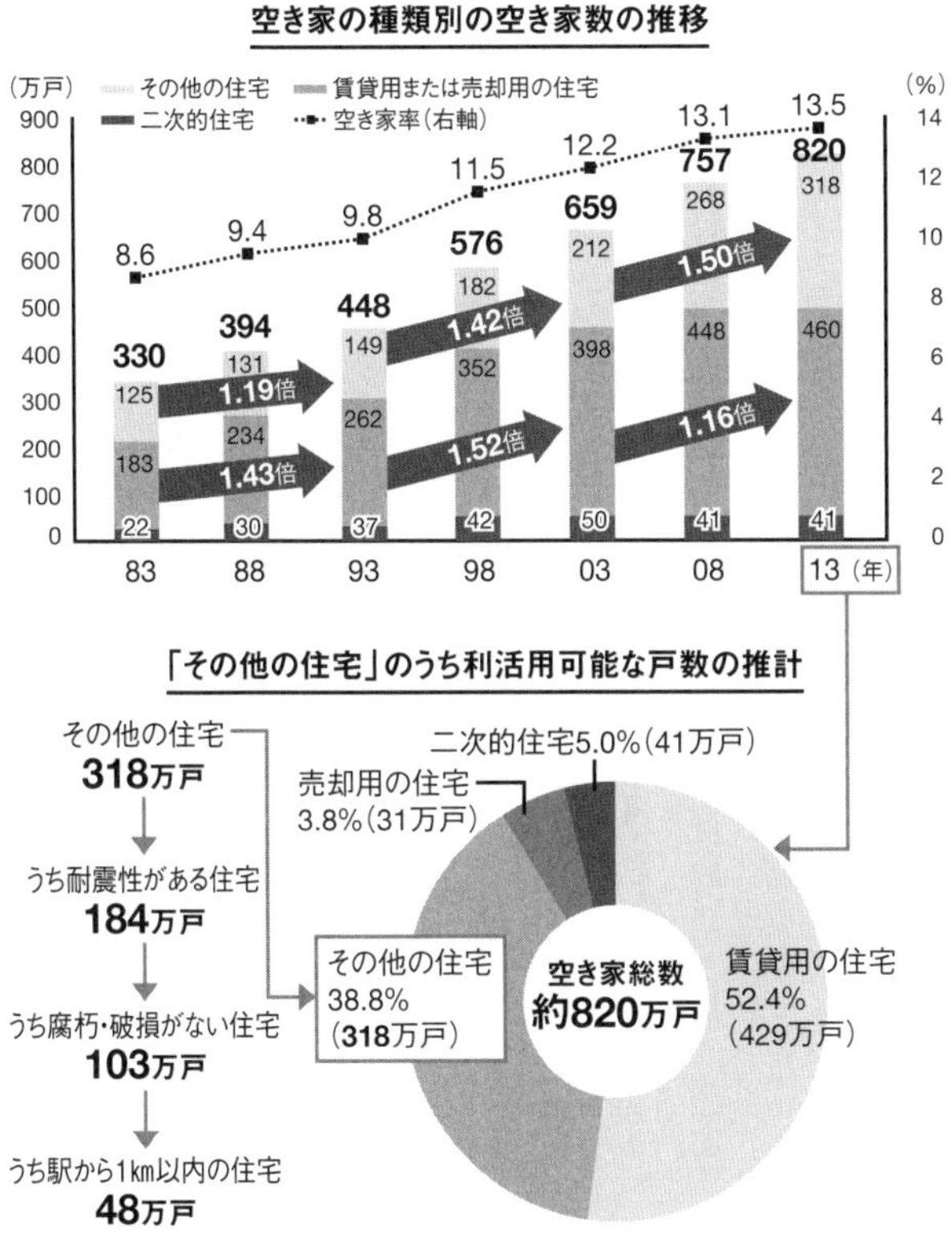

(注)1. 総務省「住宅・土地統計調査」、国土交通省資料による

2.空き家の種類は以下の通り

二次的住宅:別荘及びその他(たまに寝泊まりする人がいる住宅)

賃貸用または売却用の住宅:新築・中古を問わず、賃貸または売却のために空き家になっている住宅

その他の住宅:上記の他に人が住んでいない住宅で、例えば転勤・入院などのため居住世帯が長期にわたって不在の住宅や建て替えなどのために取り壊すことになっている住宅など

(出所)国土交通省『土地白書 2017年版』

例えば親の死亡後、そのままにしておくケースがこれに当たる。「その他」の空き家の大半は、木造戸建てである。そのほか、募集を止めた賃貸住宅や分譲マンションで空室化したものなど、共同住宅の空き家もここに含まれる。

住まなくても維持管理を行っていれば問題はないが、放置期間が長引くと倒壊したり、不審者侵入や放火、不法投棄の危険性が増すなど周囲に悪影響を及ぼす問題空き家となる。空き家全体に占める「その他」の空き家の割合は、２００８年の35％から２０１３年には約39％にまで高まった。「その他」の空き家３１８万戸のうち、腐朽・破損ありのものは１０５万戸（33％）に達する。また、「その他」の空き家のうち木造戸建てが２２０万戸（69％）で、２２０万戸のうち腐朽・破損ありが80万戸（36％）に達する。

２０１５年5月に全面施行された空き家対策特別措置法（以下、空家法）では、①倒壊等保安上危険、②衛生上有害、③景観を損なうなどの状態が著しくなっているものを「特定空家」と指定し、立入調査のほか、助言・指導、勧告、命令、代執行などの措置をとることが可能になった。腐朽・破損ありのもののうち特に状態の悪いものが、これに該当する

図表1-2 | 高齢化率とその他の空き家率

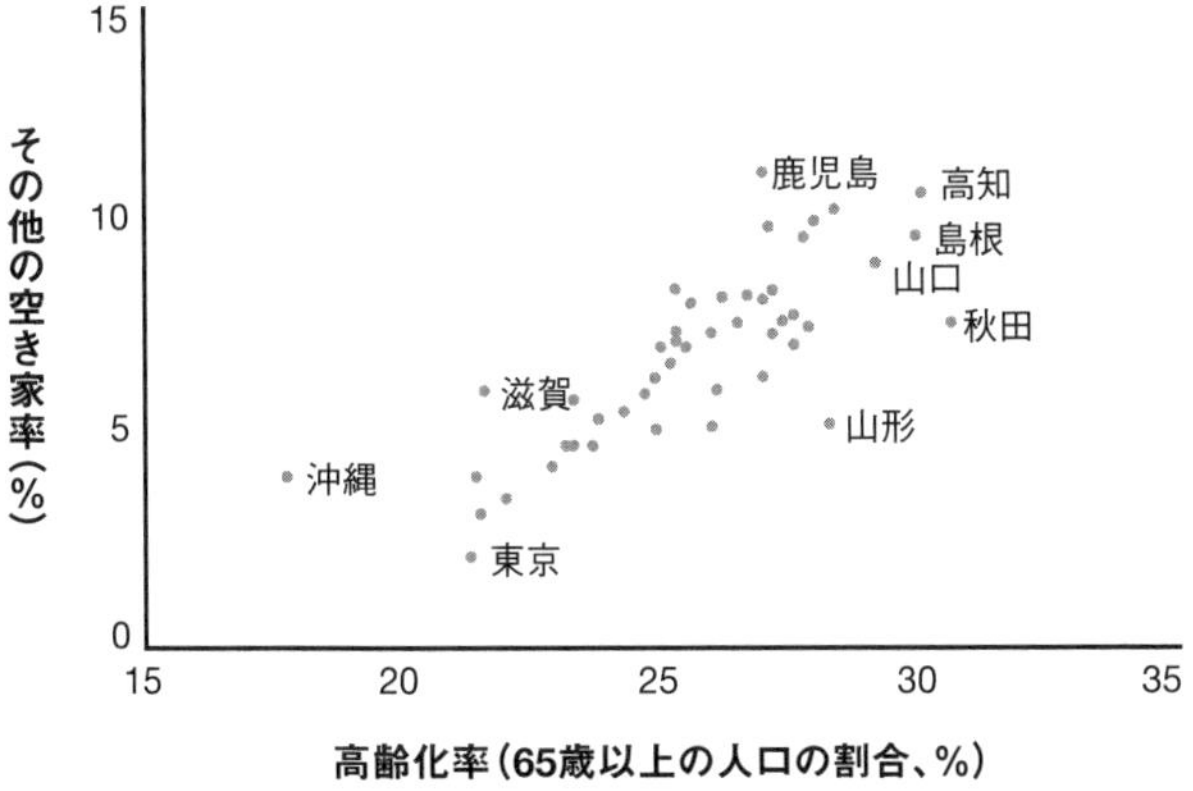

（注）高齢化率は2012年、その他の空き家率は2013年
（出所）総務省「住宅・土地統計調査」「人口推計」

可能性が高い。

一方、「その他」の空き家率（「その他」の空き家／総住宅数）は5・3％と、これも5年前（4・7％）に比べ上昇した。

都道府県別では鹿児島（11％）、高知（10・6％）など過疎で悩む県が上位となっている。これに対し都市部では低く、一番低いのは東京（2・1％）である。「その他」の空き家率は高齢化率との正の相関が高く、高齢化率の高い都道府県ほど、「その他」の空き家率が高くなっている（図表1－2）。今後、高齢化率が上昇していくにつれ、「その他」の空き家も上昇していくことが予想される。

都市部では「その他」の空き家率は低いが、低いから問題が少ないというわけではない。都市部では「その他」の空き家率は低くても、「その他」の空き家の数は多い。「その他」の空き家の数が一番多いのは大阪で、次いで東京となっている。また都市部では住宅が密集しているため、問題空き家が1軒でもあると近隣への影響が大きいという問題がある。

問題空き家となる予備軍が増加している背景には、①人口減少、②核家族化が進み、親世代の空き家を子どもが引き継がない、③売却・賃貸化が望ましいが、質や立地面で問題のある物件は市場性が乏しい、④売却・賃貸化できない場合、解体されるべきだが更地にすると土地に対する固定資産税が最大6倍に上がるため、そのまま放置しておいたほうが有利、といった事情がある。

東京都の空き家率

次に、東京について見ると2013年の空き家率は、11・1%と5年前の前回調査と変わらなかった。空き家の構成比は、全国では「その他」の割合が増えたが、東京ではこの割合が25・1%から18・7%に低下した。前回調査に比べ問題含みの空き家が減ったという意味では東京の空き家には改善が見られたが、その数はなお15万戸と大阪に次ぐ多さとなっている。

東京で前回調査と比べて増えたのは「賃貸用」で、その割合は65・5%から73・2%に上昇した。都市部では賃貸物件の供給がもともと多く、最近は相続対策で物件供給がまた増えたが、新築は満室になる一方で、古い物件の空室が増えていることを示している。

借り手を募集しているうちは一定の管理を行っているため問題はないが、老朽化して募集を止めると、そうした賃貸物件は「その他」の空き家に分類されることになる。管理が放棄されると戸建てと同様、近隣に悪影響を及ぼす可能性が高まる。大都市では、賃貸用の空き家が将来的に問題をもたらす可能性が潜在的に高いことを示している。

三大都市圏とそれ以外（地方圏）の空き家の構成比を見ると、賃貸用の割合が地方圏では45％であるが、三大都市圏では61％に達する。

一方、都区部と市町村部で比較してみると、空き家率、「その他」の空き家率とも都区部のほうが高くなっている。

2013年の都区部の空き家率11・2％に対し、市町村部では10・9％、「その他」の空き家率は都区部2・2％に対し、市町村部は1・9％である。

これは都区部において、山手線外周部を中心に木造住宅密集地域が点在していることが影響している。ただし、都区部の空き家率は前回調査に比べて低下したが、市町村部の空き家率は逆に上昇しており、近年は立地面で条件の悪い郊外の空き家が増えていることを示している。

東京に見られるように、大都市圏における空き家問題で特徴的な点は、古くからの住宅地で木造住宅が密集している地域などで解体・更新が進んでいないという点、また空き家に占める賃貸住宅の割合が高く、老朽化して管理放棄された場合の潜在的な問題が大きいことなどが挙げられる。このほか、大都市においては分譲マンションが多く供給されており、それが老朽化し空室が多くなり、管理放棄された場合の潜在的な問題が大きいという点も挙げられる。

空き家の管理状況と活用意向

空き家は、どのような経緯で保有されるに至ったのだろうか。国土交通省は、総務省「住宅・土地統計調査」（2013年）で判明した戸建て空き家の所有者の中からサンプルを選び、アンケート調査を行っている（「空家実態調査」2014年）。

空き家のうち、その他の住宅に分類される空き家を持っている所有者について見ると、空き家を取得した経緯は「相続した」（56・4％）が最も多く、以下、「新築した・新築を購入した」（20・5％）、「中古を購入した」（16・9％）の順となっている。

空き家の腐朽・破損の状態については、「住宅の外回り、または室内に部分的に腐朽・破損がある」（29・9％）、「屋根の変形や柱の傾きなどが生じている」（27・2％）、「腐朽・破損なし」（25・2％）、「住宅の外回り、または室内に全体的に腐朽・破損がある」（1・8％）の順となっていた（図表1－3）。管理状況については、管理の頻度「月に1回～数回」（33・1％）、「年に1回～数回」（26・9％）、「週に1回～数回」（18・7％）、「ほぼ毎日」（11・9％）の順となっていた（図表1－4）。空き家は、度合いは様々であるが何らかの腐朽・破損のあるものが大半であり、管理状況も頻度の少なくなっているものが存在することがわかる。

しかし、こうした空き家を抱えていても、先行きも現状維持とする人が多い。今後5年程度のうちの利用意向を聞いたところ、「空き家にしておく（物置を含む）」（31・9％）、「取り壊す」（18・4％）、「所有者やその親族が利用する」（8・8％）、「売却する」（7・8％）、「賃貸する」（3・8％）（図表1－5）の順であった。取り壊すのであれば危険な状態となって

図表1-3 腐朽・破損の状態：空き家類型別

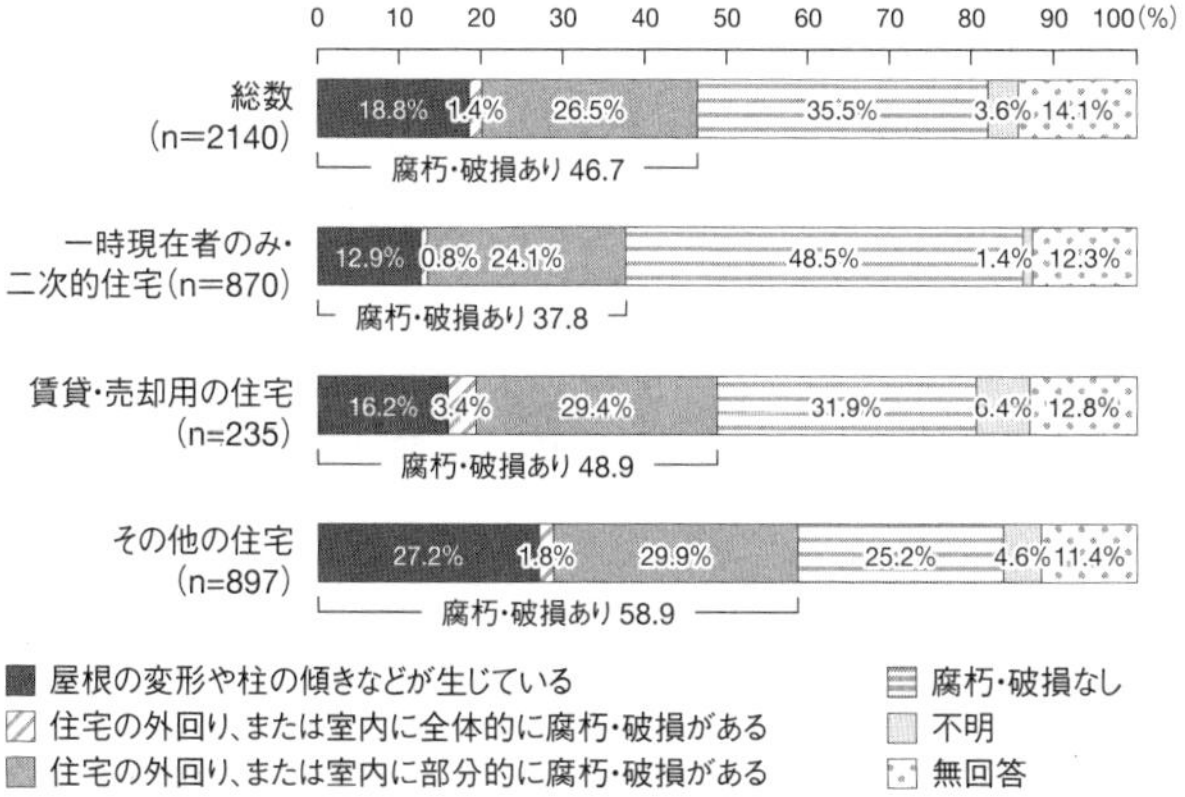

（出所）国土交通省「2014年 空家実態調査」

図表1-4 管理の頻度：空き家類型別

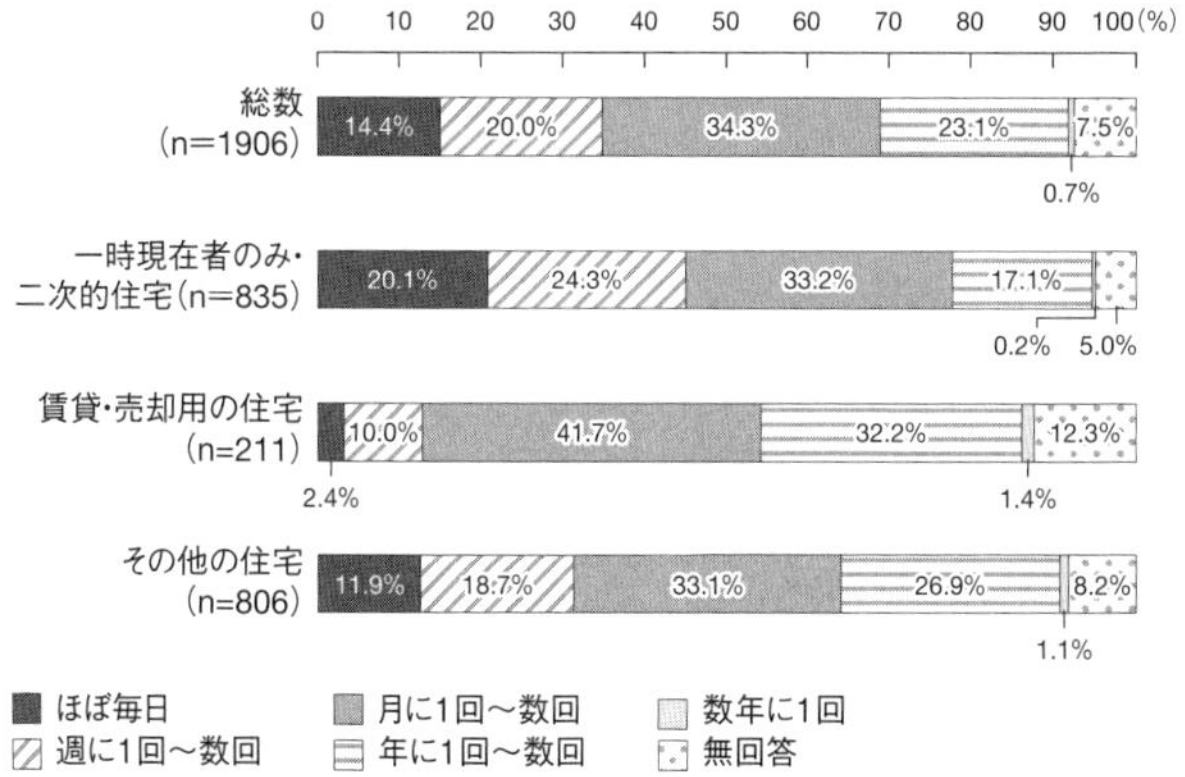

（出所）国土交通省「2014年 空家実態調査」

図表1-5 | 今後の利用意向：空き家類型別

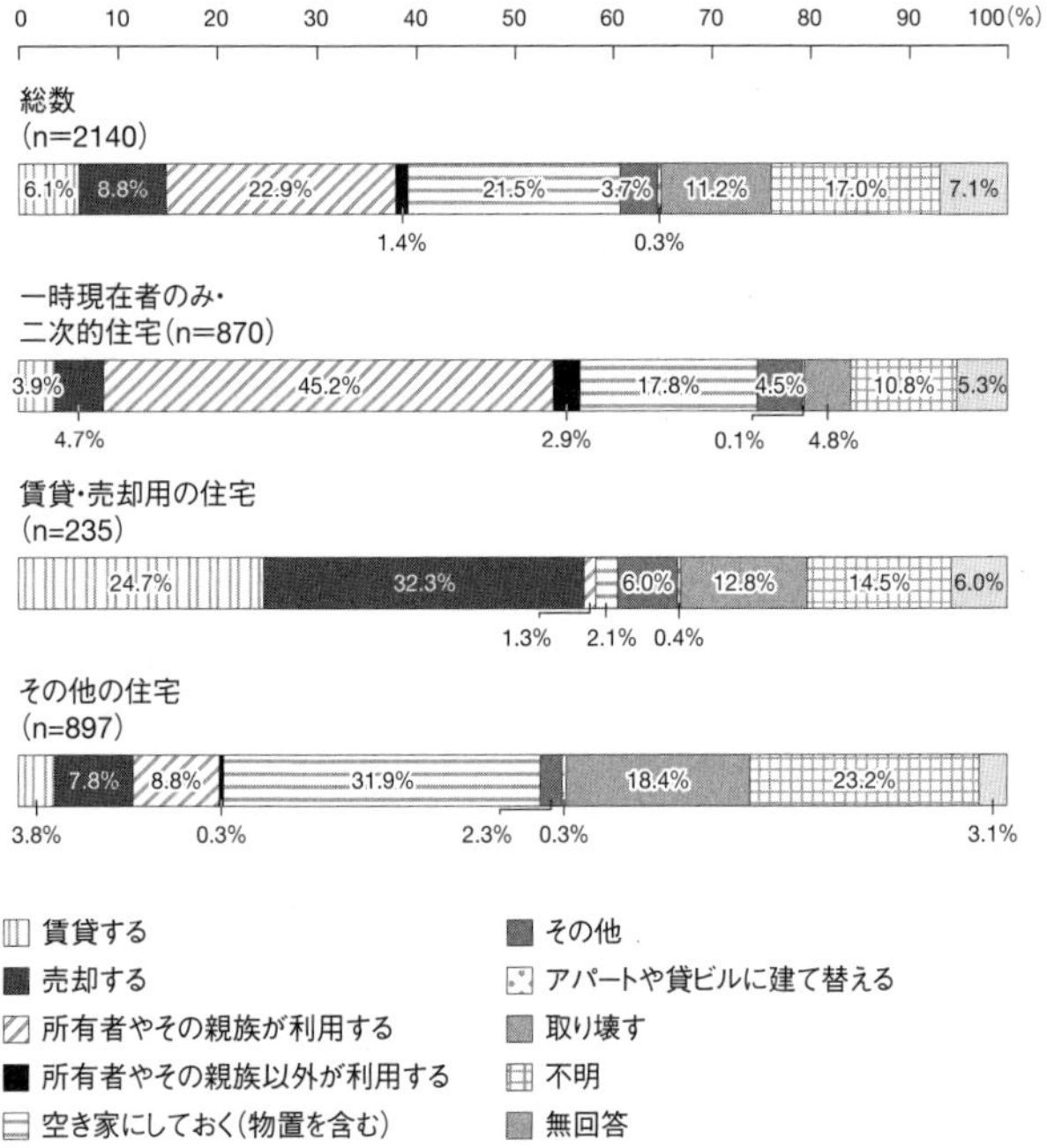

(出所)国土交通省「2014年 空家実態調査」

放置されることはなく、また、いずれ誰かが利用するのであれば管理は行っているはずであり、これも問題はない。しかし、そうでなければ売却、賃貸化といった流動化を図るべきあるが、その割合は合わせても1割程度である。

「空き家にしておく」と答えた人にその理由を聞いたところ（複数回答）、「物置として必要」（44・9％）、「解体費用をかけたくない」（39・9％）、「特に困っていない」（37・7％）、「将来、自分や親族が使うかもしれない」（36・4％）、「仏壇など捨てられないものがある」（32・8％）、「更地にしても使い道がない」（31・9％）などが上位であった（図表1－6）。

理由のうち、「解体費用をかけたくない」（39・9％）と「取り壊すと固定資産税が高くなる」（25・8％）は、解体を躊躇する要因になっていると考えられる。

また、改修して賃貸化しようにも「リフォーム費用をかけたくない」「他人に貸すことに不安がある」（20・6％）、「満足できる家賃を取れそうにない」（7・4％）、「戸建てを借りる人が少ない」（5・6％）ことがネックになっていると考えられる。さらに、売却しようにも「満足できる価格で売れそうにない」（13・4％）、「中古戸建てを買う人が少ない」（3・

図表1-6 | 空き家にしておく理由

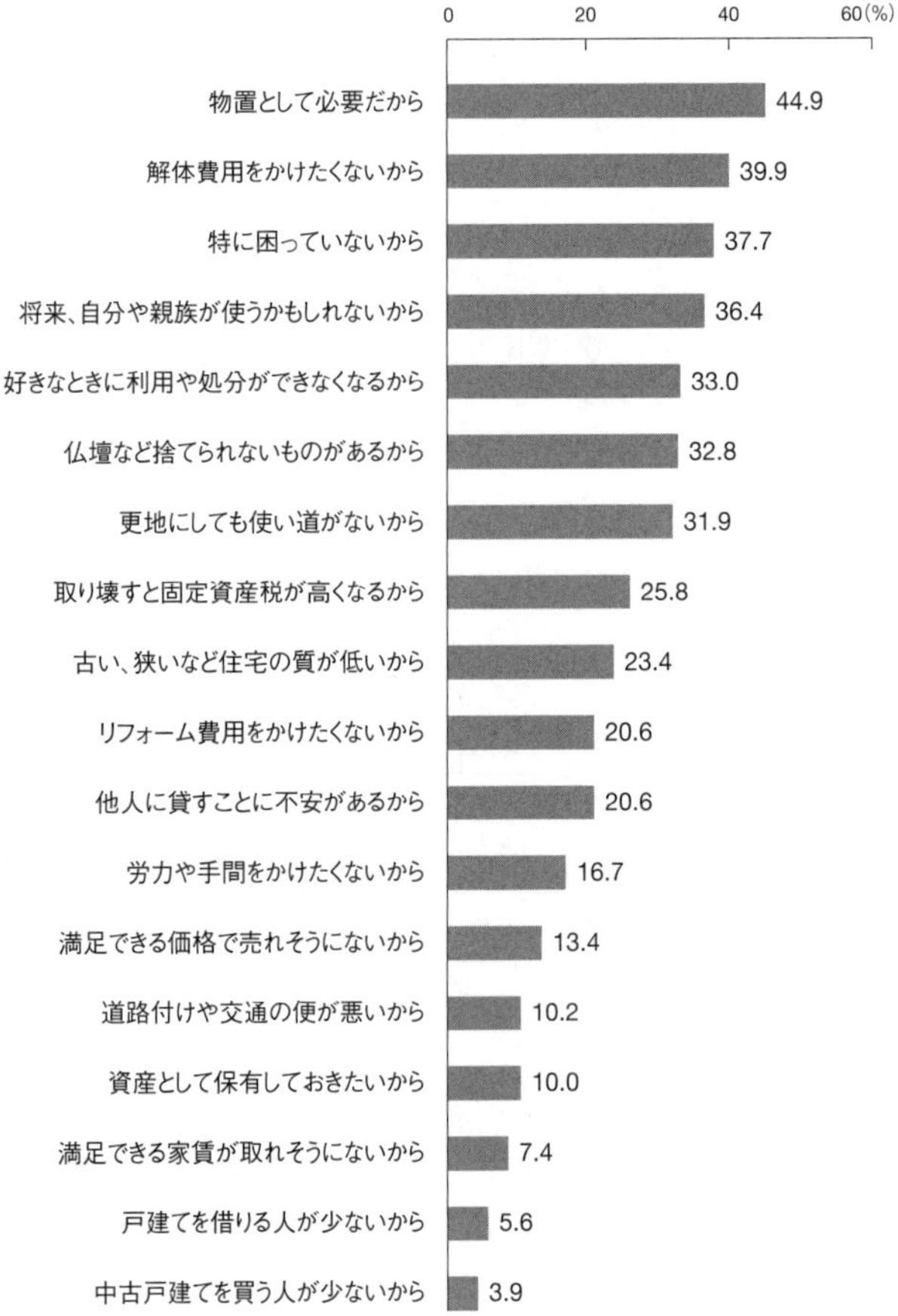
0
20
40
60(%)
物置として必要だから 44.9
解体費用をかけたくないから 39.9
特に困っていないから 37.7
将来、自分や親族が使うかもしれないから 36.4
好きなときに利用や処分ができなくなるから 33.0
仏壇など捨てられないものがあるから 32.8
更地にしても使い道がないから 31.9
取り壊すと固定資産税が高くなるから 25.8
古い、狭いなど住宅の質が低いから 23.4
リフォーム費用をかけたくないから 20.6
他人に貸すことに不安があるから 20.6
労力や手間をかけたくないから 16.7
満足できる価格で売れそうにないから 13.4
道路付けや交通の便が悪いから 10.2
資産として保有しておきたいから 10.0
満足できる家賃が取れそうにないから 7.4
戸建てを借りる人が少ないから 5.6
中古戸建てを買う人が少ないから 3.9

(出所)国土交通省「2014年 空家実態調査」

9％）ことがネックになっている。

そもそも利活用や流動化しようにも「古い、狭いなど住宅の質が低い」（23・4％）、「道路付けや交通の便が悪い」（10・2％）という悪条件下にあり、このほか、「労力や手間をかけたくない」（16・7％）との後ろ向きの理由も多い。以上のように、空き家にしておく理由から、空き家所有者の悩みが浮かび上がってくる。

空き家所有者が抱えるこのような悩みに対し、近年、自治体は相談窓口の設置や自治体がマッチングを行う空き家バンクの設置、解体費用、改修費用の補助などの施策を進めている。

空き家がそのまま放置され、老朽化が進んだり管理が疎かになったりすると、近隣に悪影響を及ぼす問題空き家となる。国土交通省「土地問題に関する国民の意識調査」（2017年）によれば、空き家が増えて問題に感じることは、「不審者の侵入や放火」（67・7％）、「ゴミの不法投棄」（48・9％）、「樹木・雑草の繁茂」（46・5％）が上位3項目であった（複数回答）。

なお、「空家実態調査」で今後5年程度のうちの利用意向で「取り壊す」と回答した人にその後の土地利用の意向を聞いたところ、「土地を売却」（31・5％）、「そのままにしておく」（29・6％）、「畑や菜園にする」（10％）の順となっていた。

特異な日本の住宅市場

多くの国では空き家率は経済状態によって上下に変動するが、日本の場合、戦後一貫して上昇し続けてきた。この背景には、戦後の住宅市場が使い捨て型の構造になったことによる。高度成長期の人口増加に伴う住宅不足に対応するため新築が大量供給されたが、その間に物件の質が落ち、住宅寿命が短くなった。また、市街地が外縁部にまで広げられ、立地条件のよくない住宅も多く供給された。

つまり戦後は市街地を無秩序に広げ、そこに再利用が難しい住宅が大量に建てられたが、一転して人口減少時代に入ると、条件の悪い住宅は引き継ぎ手がなく、放置されるようになった。都心部でも東京の木造住宅密集地域などでは、建てられた時点では適法でも、現在の法令では違法状態で再建築できない土地の場合、空き家がそのまま放置されている。

こうした状況は、海外から見ると特異である。

例えば、イギリスの空き家率は3〜4%、ドイツの空き家率は1%前後と、極めて低い水準で推移している（図表1-7）。ヨーロッパでは、市街地とそれ以外の線引きが明確で、どこでも住宅を建てられるというわけではない。建てられる区域の中で、長持ちする住宅を建てて長く使い継いでおり、購入するのは普通、中古住宅である。アメリカも同じ考え方であるが、空き家率が8〜10%と比較的高い水準で推移しているのは、国土の広さが関係していると考えられる。

ヨーロッパやアメリカの住宅市場では、新築と中古を合わせた全住宅取引のうち、中古の割合が70〜90%程度を占めるのに対し、日本ではその比率は10%台半ばという極めて低い状態になっている。日本では、空き家が増加する現在でも年間80万戸ほどの住宅が新築

図表 1-7 | 海外の空き家率

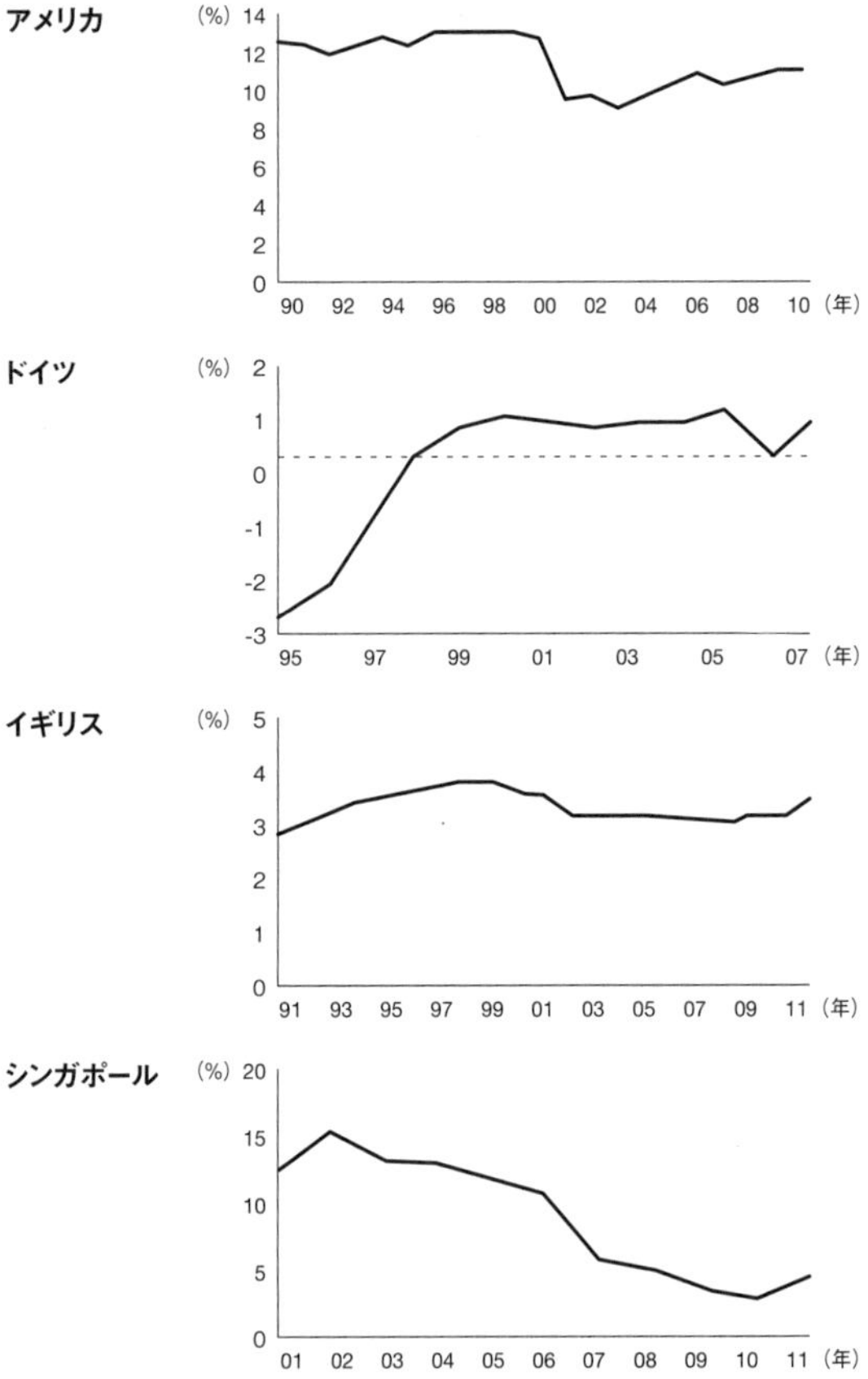

(注)空き家率は、総世帯数と総住宅数との差を総住宅数で除したもの

(出所)不動産流通近代化センター「不動産コンサルティングに関わる海外調査」2013年

されており、2013年度は消費税率引き上げ前の駆け込み需要で、99万戸もの住宅が新築された。日本の住宅市場は空き家が増加する一方、新築住宅が造られ続けるという状況に陥っている。

2033年の空き家率

ここまで空き家が全国、東京都とも増加している現状について見てきた。このままで推移すると、空き家率はどの程度まで上昇するのか。一定の条件の下で、全国と東京都の空き家率の試算を行ってみた（図表1－8）。

まず、今後の住宅需要、つまり世帯数については国立社会保障・人口問題研究所の推計に基づくものとした。

国立社会保障・人口問題研究所が2013年に発表した推計によれば、日本全国の世帯数のピークは2019年、東京都の世帯数のピークは2025年で、以降は減少していく。

図表1-8 ｜ 20年後の空き家率（全国、東京都）

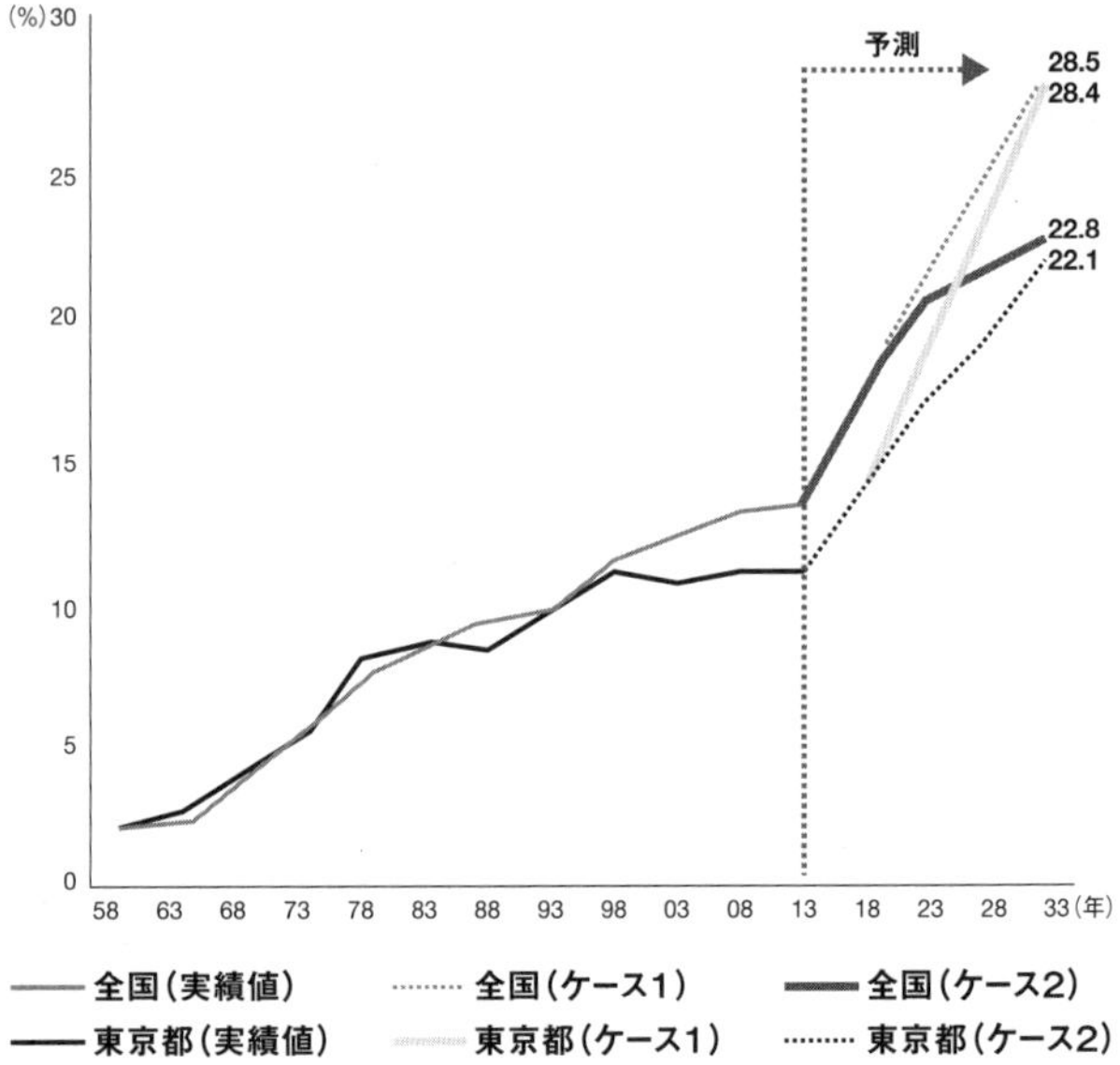

(注) 1. 各ケースの想定は以下の通り

［ケース1］
新設住宅着工戸数：直近の平均的水準で推移。滅失率：過去10年間（2003～2008年、2008～2013年）の平均で推移

［ケース2］
新設住宅着工戸数：直近の平均的水準から5年ごとに段階的に減少し、最後の5年間（2029～33年）の水準はその半分の水準になると想定。滅失率：過去10年間の平均から段階的に上昇し最終的に2倍になると想定

2. 新設住宅着工戸数の直近の平均的水準は、2010～12年の平均とした。この3年間の平均としたのは、過去5年間のうちリーマンショック後の着工落ち込み（2009年）と消費税率引き上げ前の着工増加（2013年）の特殊要因を除外するため

3. 滅失率＝（5年間の新設住宅着工戸数の合計－5年間の総住宅数の増加数）／5年間の新設住宅着工戸数の合計

4. 世帯数の予測は、国立社会保障・人口問題研究所（2013年推計）に基づく

(出所) 総務省「住宅・土地統計調査」、国立社会保障・人口問題研究所「日本の世帯数の将来推計（全国推計）」2013年1月、「日本の世帯数の将来推計（都道府県別推計）」2014年4月により作成

日本全体の人口はすでに減少しているが、単身世帯の増加など世帯の小型化によって、世帯数はまだ減少に転じていなかったが、今後は減少に向かっていくことになる。

次に供給側の想定であるが、新設住宅着工戸数が今後も直近の平均的な水準で推移していき、住宅取り壊しのペース（滅失率）もまた直近の平均的な水準で推移していくという場合を、ケース1とした。つまり、ケース1は現状維持である。次に、新設住宅着工戸数を段階的に減らしていって最終的に半減させ、滅失率については徐々に上昇させていって最終的に2倍になるという場合を、ケース2とした。

ケース1の場合、全国の空き家率は2033年には28・5％に達する。一方、東京都の空き家率は、1998年頃までは全国とほぼ同じ水準で推移していたが、その後地方で先行して人口・世帯の減少が始まったため、全国の空き家率が東京都の空き家率を上回るようになっていた。しかし、今後は東京都でも世帯数が減少に向かっていくため、次第に全国の空き家率に追いつき、2033年には全国とほぼ同じ28・4％になるという結果が得られた。

一方、ケース2では、空き家率の上昇ペースは抑制されるが、それでも2033年には全国で22・8%、東京都で22・1%になるとの結果となった。

新築を半減させて（足りない分は中古の活用を進める）、取り壊しのペースを2倍に上げていったとしても、空き家率を低下させることは難しいことを示している。今後、空き家問題がより一層深刻化していくのは確実な情勢である。

これらの試算結果は、現状では空き家問題が深刻なのは地方であるが、今後においては東京などの大都市でも世帯が減少に転ずることにより、問題が深刻化していくことを示している。

なお、国立社会保障・人口問題研究所が2018年に発表した世帯数の新たな推計では、世帯数のピークは2023年と、2013年推計の2019年から4年後ずれした。これを上記の推計に反映させると、空き家率の上昇ペースは幾分鈍化することになる。

section 2

空き地、所有者不明土地の実態と将来予測

空き地の実態

空き家が解体された場合、跡地は空き地となる。以下、『土地白書 2017年版』に基づき、空き地の状況を概観しておこう。

国土交通省「土地基本調査」によれば、世帯が保有する空き地は、2003年から2013年の10年間で、106万件（681㎢）から151万件（981㎢）に増加した（図表1－9）。また、利活用が有望でない空き家の敷地も180万件（507㎢）から272万件（8

図表1-9 ｜ 空き地面積の推移

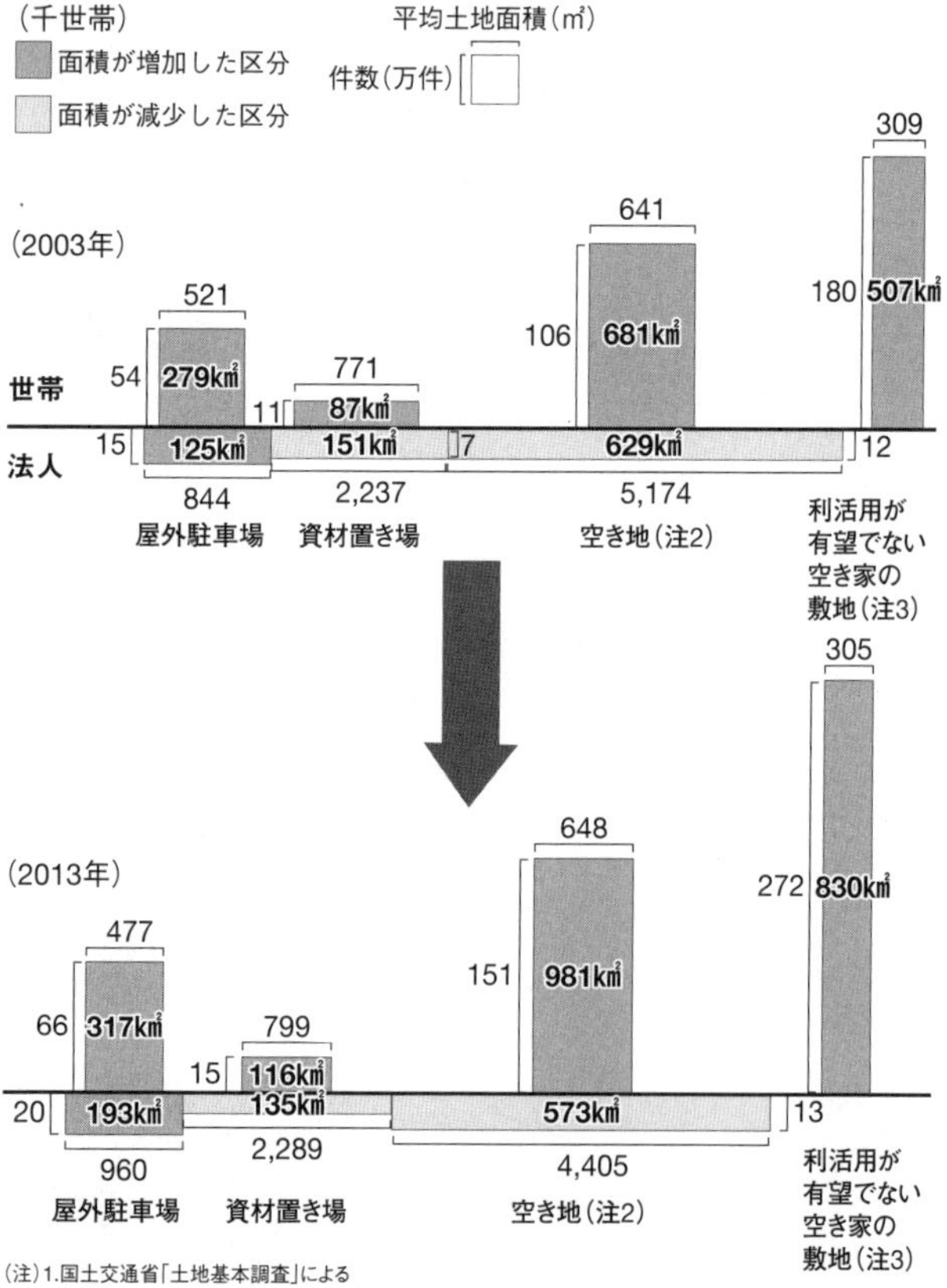

(注)1.国土交通省「土地基本調査」による
2.本調査における「空き地」には原野、荒れ地、池沼などを含む
3.「戸建ての平均敷地面積」と「空き家のうち利活用が有望でないその他の住宅(注4)の戸数」の積
4.空き家のうち、「その他住宅」と「駅から1km以内で簡易な手入れにより活用可能なその他住宅」の戸数の差。ただし、2003年度は後者の戸数を算出していないため、後者の数値について「2013年の数値」を「その他住宅(2003年)／その他住宅(2013年)」で按分して算出

(出所)国土交通省『土地白書 2017年版』

30km²）に増加した。法人所有の空き地も増えているが、世帯保有の空き地は規模が100㎡〜300㎡と小さく、利活用に難があるという問題がある。大都市と比べると、地方において空き地の比率は高い。また、大都市では郊外における比率が高い。

同じく「土地基本調査」によって空き地等（屋外駐車場、資材置き場を含む）を保有している世帯の属性を見ると、世帯人員や収入が少ない無職世帯の所有面積増加が著しい。子どもは独立し、すでに退職した高齢者世帯が空き地等を多く所有していることが推察される。また、世帯が空き地を取得した経緯については、相続・贈与取得したとする割合が78％を占めている（2013年）。また、取得時期は1991年以降の取得が9割を占める。

空き地等がそのままになっている理由は、国土交通省が所有者に対して行ったアンケート調査（「空き地等に関する所有者アンケート」）によれば、「空き地等を相続し、そのままになっている」が54％に達した。「建っていた建物を解体し、そのままになっている」と回答した人は13・1％となっており、今後、空き家の解体が進展していった場合、空き地がさらに増加していく可能性が高いことを示している（図表1－10）。

図表 1-10 | 所有する空き地等が空き地のままになっている理由

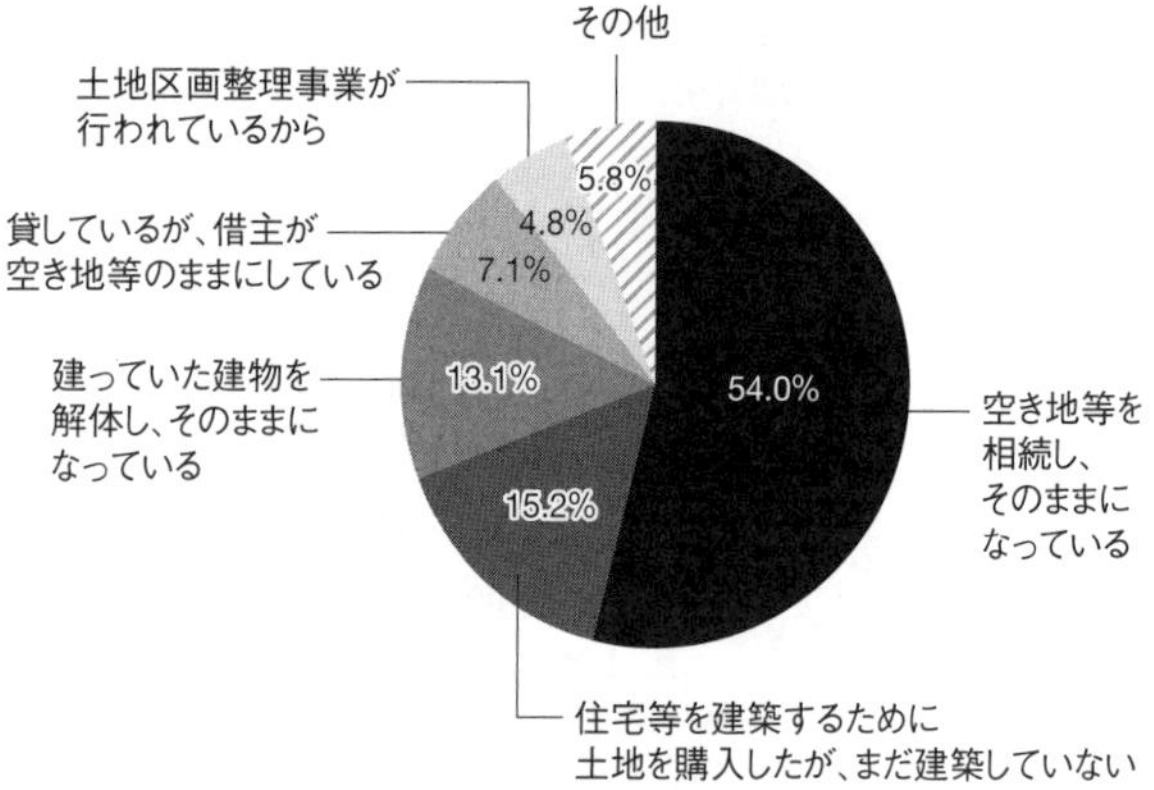

（出所）国土交通省「空き地等に関する所有者アンケート」2017年

図表 1-11 | 所有する空き地の管理状態

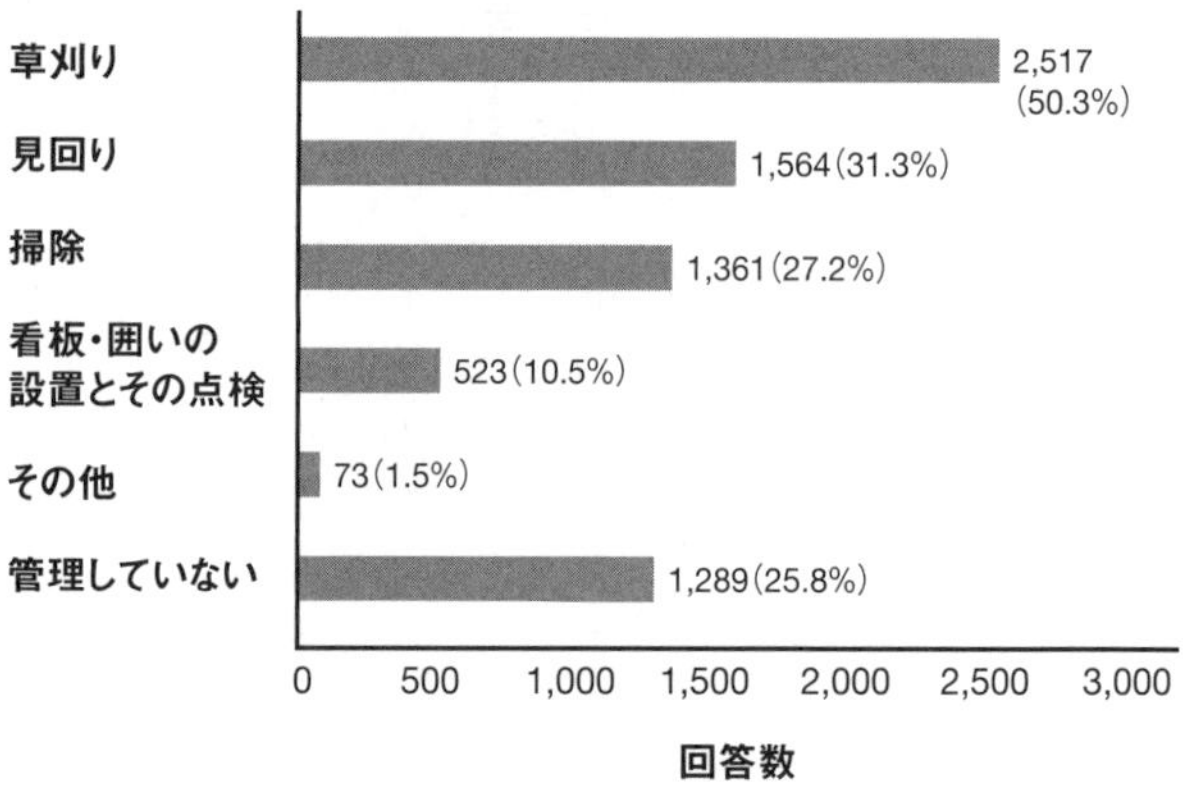

（注）複数回答、n=5,000
（出所）国土交通省「空き地等に関する所有者アンケート」2017年

図表1-12　所有する空き地等の管理頻度

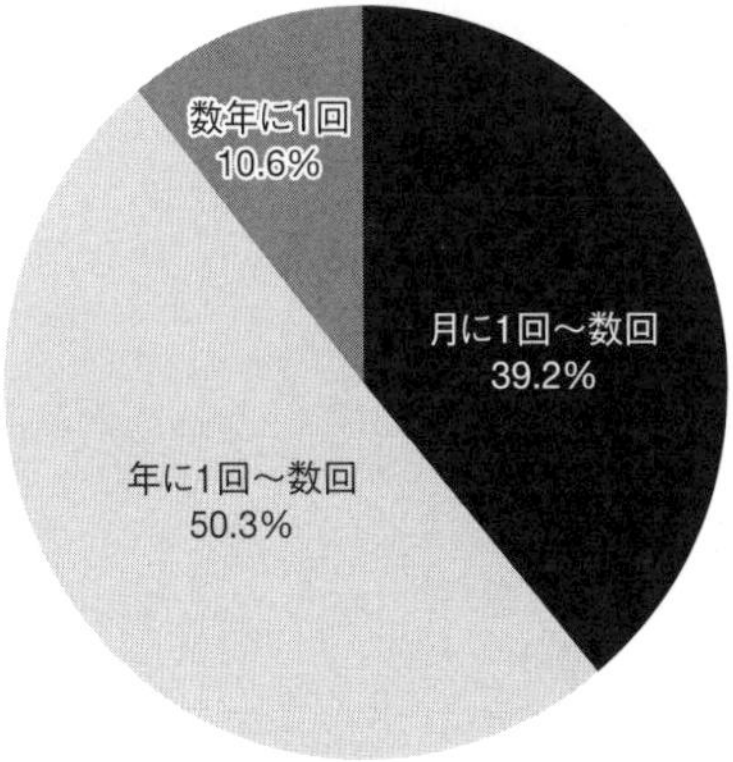

（出所）国土交通省「空き地等に関する所有者アンケート」2017年

所有する空き地の管理状態であるが、同じく所有者アンケートによれば、草刈り（50・3％）、見回り（31・3％）、掃除（27・2％）の回答割合（複数回答）が高かったが、管理していないものも25・8％に達した（図表1－11）。管理頻度については、「月に1回～数回」（39・2％）、「年に1回～数回」（50・3％）の回答割合が高かったが、「数年に1回」も10・6％に達した（図表1－12）。当然のことながら、管理頻度が低くなると周囲に悪影響を及ぼす可能性が高くなる。

空き地が増えて問題に感じることは、国土交通省「土地問題に関する国民の意識調査」によれば、「雑木・雑草の繁茂」（60・4％）、「ゴミの不法投棄」（59・7％）、「害虫の発生や野良猫などの集中」（39・7％）が上位3項目であった（複数回答、図表1－13）。

管理が疎かになる空き地は、今後さらに増えていくと見られている。国土交通省が自治体に対し行ったアンケート調査（「空き地等に関する自治体アンケート」）によれば、「管理水準が低下した空き地の件数」について、最近10年間で増加していると回答した自治体は34・3％であったが、今後10年間の予測としては、増加すると回答した自治体は62・7％に達した（図表1－14）。

空き地の活用意向

所有者アンケートによれば、今後5年間の活用意向については、処分または利用の意向があるとする割合が71・3％に達する一方（賃貸17・8％、売却26・8％、所有者やその親族以

図表1-13 空き地等が増えて問題と感じること

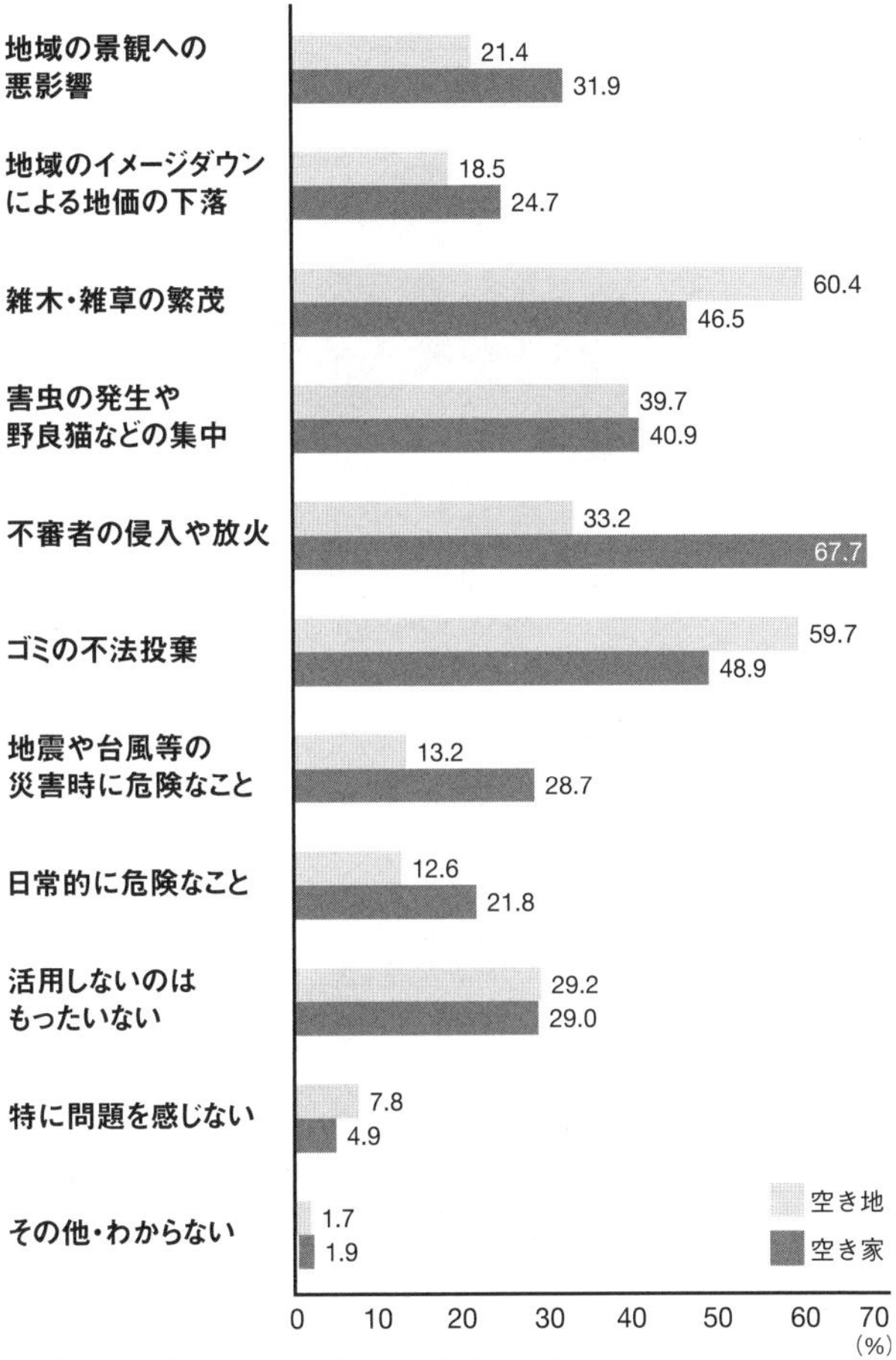

(出所)国土交通省「2016年度 土地問題に関する国民の意識調査」

図表1-14 | 管理水準が低下した空き地の件数

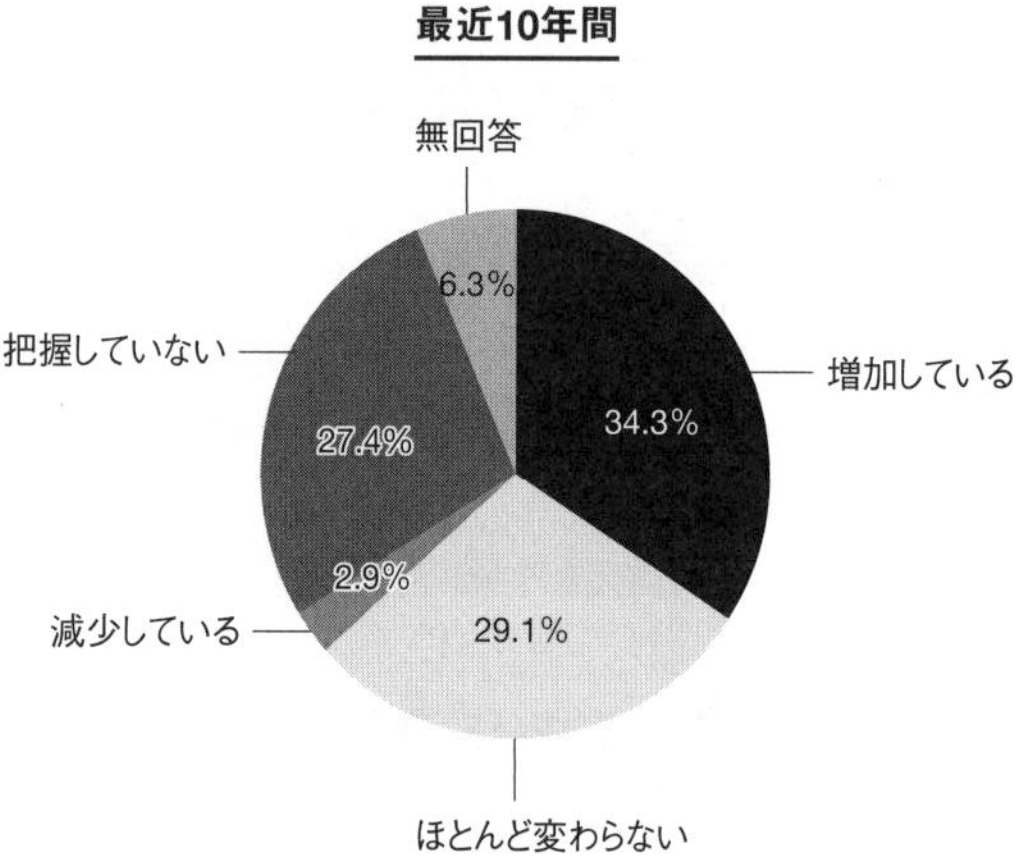

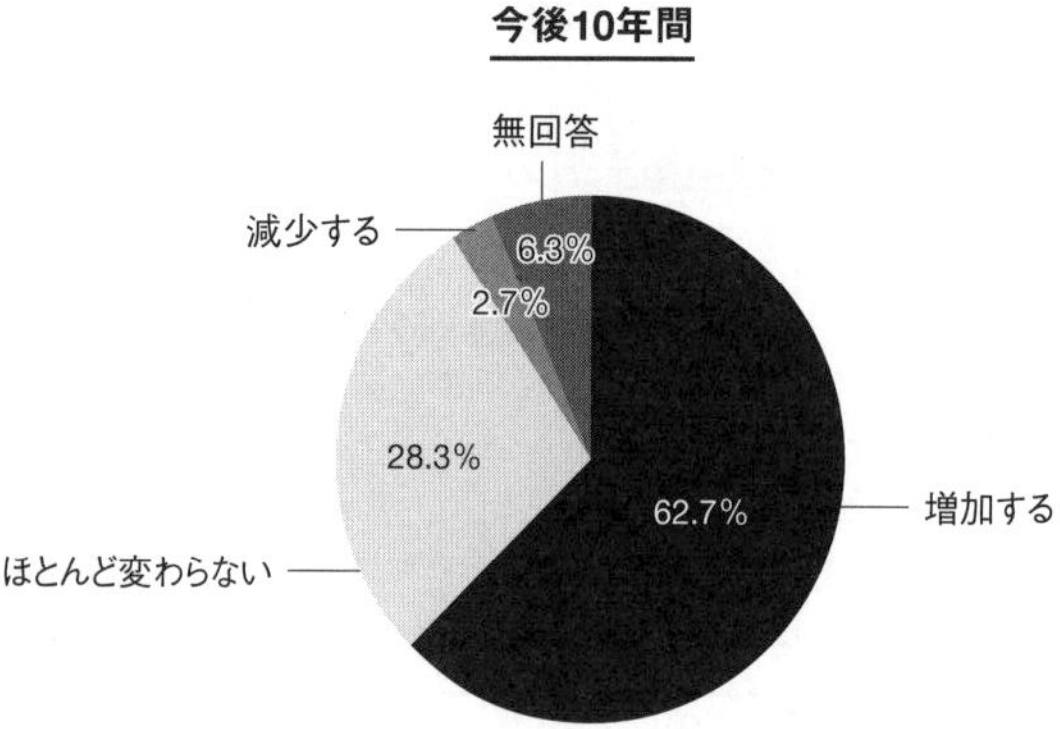

（出所）国土交通省「空き地等に関する自治体アンケート」2017年

外が利用する21・6%、所有者やその親族が利用する5・1%)、「空き地のままにしておく(資材置き場等を含む)」との回答割合は28・6%であった。

さらに将来的な見通しも含めた活用意向を聞いたところ、将来的にも売却・賃貸するつもりはないとした人は3割近く存在したが、それ以外は売却・賃貸の意向を持っていた。ただし、現に売却・賃貸の募集を行っている人、すでに売却・賃貸の見込みが立っている人は、1割程度に過ぎない。

将来的にも売却・賃貸するつもりはないとした人の理由(複数回答)は、「今後自分や親族等が利用する予定だから」とした人が半数近くに達したほか、「困っていないから」が2割以上、「先祖代々の土地だから」が2割近く存在した。「満足できる価格・地代とならないから」「買い手・借り手がつかないだろうから」「どうしたら売却・賃貸できるかわからないから」「売却・賃貸の手間をかけたくないから」といった売却・賃貸に対し後ろ向きになる理由も2割程度存在した。このほか、賃貸については「貸してしまうと、自らの利用の際に障害になると困るから」という人が1割以上存在した。

一方、公共活用については、まちづくりのための広場や公園として貸す意向があるかについて聞いたところ、「借り手や利活用方法、賃貸条件次第で貸すことも考える」が45・8%と半数近くに達した。

これらの結果からわかることは、所有者の多くは、いずれは売却・賃貸の意向を持っていても現に動いている人はわずかであり、また売却・賃貸を考えていない人の中には、どうせ売れない・貸せない、どうしたらいいかわからない、手間がかかるなどの理由でそのままにしておく人も少なくない。管理状況については、年に1回、数年に1回といった管理頻度の低い人は6割に達し、管理状態が悪くなると周囲に悪影響を及ぼす可能性が高くなる。

空き家と空き地との関係については空き家対策が進み、危険な空き家等の解体が進めば空き家問題はなくなるが、跡地の管理が疎かになれば空き地問題に移行することになる。

所有者不明土地の実態

空き家、空き地の中には登記簿などの台帳を見ても、所有者が直ちに判明しないか判明しても連絡がつかない物件も増えている。これは人口減少が進む中、相続時に登記されない物件が増えていることによる。引き継ぎ手が遠方に住み、資産価値が低いなどの理由でそのまま放置し、相続を重ねていった場合、所有者にたどり着くことが難しくなる。特に、資産価値がない森林や農地などの場合は、コストをかけてまで名義変更するインセンティブがない。地価が高い街なかの宅地でも、狭小で活用しにくい場合や、接道要件などで再建築不可能な場合では、こうした事態が生じ得る。また、近年は相続放棄されるケースも増えている。

国土交通省は、所有者不明となっている土地の状態について、次の4つを例示している。

①台帳が更新されていない、台帳間の情報が異なる。
②所有者を特定できても、転居先が追えない。
③登記名義人が死亡し、数代にわたり登記されておらず、相続人が多数となっている。
④台帳に、すべての共有者が記載されてない（例えば「山田太郎外10名」との記載）。

こうした物件は、問題となっている空き家・空き地に対処する必要が生じたり、公共事業などの土地利用のニーズが生じたりすることによって、所有者を探索して初めて顕在化することが多く、その全体像は未だ把握されていない。しかし、実態の一端については、いくつかの調査から知ることができる。

国土交通省による、地籍調査を実施した地区におけるサンプル調査によれば（調査①、15地区13市町）、最終の登記からの年数が経過するほど、登記簿上で所有者の所在が確認できない割合が上昇する傾向にあった。最終の登記からの経過年数が0～29年のうち登記簿で確認できないものは21％、30～49年では37％、50～69年では62％、70～89年では79％であった。一方、法務省が実施したサンプル調査によれば（調査②、全国10ヵ所の約10万筆）、50年以上登記の変更のない土地は、大都市で6・6%、中小都市・中山間地域で26・6%に達した。

ただし、登記簿から直ちに所有者にたどり着かないとしても、探索の手を尽くせば、最終的にはたどり着くものは多い。国土交通省の調査によれば（調査③）、2016年度に全国で行われた地籍調査約62万筆（1130地区558市区町村）のうち、登記簿上で所有者の所在を確認できない土地は20・1%であったが、追跡調査の結果、最終的に所有者の所在が確認できなかったものは全体の0・41%にとどまった。

ただし、追跡には相応の人員と時間を投入する必要があり、所有者不明土地に関わる問題を解決したり利用したりしようとする場合には、地籍調査がそうであるのと同様、多大なコストを要することになる。

一方、農地については農林水産省の調査によれば（調査④）、2016年時点で全国で登記名義人が死亡していることが確認された農地面積は47・7万ha、登記名義人が市町村外に転出しすでに死亡している可能性があるなど、相続未登記の恐れがある農地面積は45・8万ha存在し、合わせて全農地の約2割に達した。このうち遊休農地（1年以上耕作されておらず、引き続き耕作される見込みのないもの）は5・4万haとなっている。

所有者不明土地は、今後も増加を続けていく可能性が高い。所有者不明土地問題研究会（座長：増田寛也・元総務相）は、右記の調査③の調査結果の数値を基に、全国の所有者不明土地を推計している。

その結果（2016年時点）によれば、全国の土地の所有者不明率は20・3％、410万haに達し、九州の面積を上回る。地目別では宅地14％、農地18・5％、林地25・7％となっている。さらにこの面積は、2040年には北海道本島の面積に匹敵する720万haに達すると推計している。ただしこの推計は、限られたサンプル調査を全国に拡大した試算値に過ぎない。そのため一つの目安にはなるが、全国の本当の実態については未だ明らかになっているわけではない。

所有者不明土地がもたらす問題

所有者不明土地の存在は、どのような問題をもたらすのだろうか。国土交通省は、次のような事例を挙げている。

①公共事業のために取得しようとした土地が、明治時代の登記のままで相続人多数となり、一部相続人を特定できず、用地取得に多大な時間と労力を要した。
②公共事業のために取得しようとした土地について、共有地が登記されておらず、相続人多数となり、一部が所在不明で、取得が困難になった。
③広場として利用しようとした土地で約80筆、地権者約40名の土地が相続登記されておらず、所有者の所在が不明で樹木の伐採や利用方針が立てられなかった。
④家電製品が大量に投棄されているが、所有者の所在が不明で、不法投棄なのか保管し

ているのかを確認できず、自治体で処分できなかった。

⑤台風被害で崩れた急傾斜地の対策工事を急ぐ必要があるが、相続人多数かつ一部が特定できないため、着手が困難になった。

所有者不明土地の存在が利活用の障害となり、また、問題となっている状態を改善するにも、容易に手が出せなくなっている状況が生じていることがわかる。

section 3

所有者不明マンションの実態

こうした所有者不明・不在の物件は、マンションでも増えている。やはり、相続未登記や相続放棄が増えていることによる。

国土交通省が２０１６年から２０１７年にかけて管理組合に対して行った調査（「マンションの再生手法及び合意形成に係る調査」、回収数６３９件）によれば、「連絡先不通または所有者不明」の物件があるマンションは全体の13・6％（87件）存在した。連絡先不通・所有者不明物件のあるマンションの内訳は、築40年以上が29％、築30年以上40年未満が24％と、古い物件が多くを占めている。

所有者不明・不在物件が増えることの問題点としては、①管理費や修繕積立金が徴収できなくなること、②管理が行われないことで劣化が進んだり周囲に悪影響を及ぼしたりすること、③多数決による決議が困難になることなどが挙げられる。つまりはマンション管理上の、様々な支障をきたすということである。③については同じ調査で、今後は建て替え決議などの成立が困難になっていくと考える割合が7割に達している。

第2章

現状の対策

section 1

空き家解体促進策と空家法

空家法とその効果

近年の空き家急増に伴い、自治体は問題空き家の解体、使える空き家の再利用の両面で対策を講じてきた。このうち解体に関しては、問題空き家に対し指導、勧告、命令、代執行を行うことのできる空き家管理条例の制定が進んだ。条例制定が進んだことを受け、2014年11月には、同様の内容を含む空家法が成立した（2015年5月26日全面施行）。

空家法では、①倒壊等保安上危険、②衛生上有害、③景観を損なうなどの状態が著しくなっているものを「特定空家」と認定し、助言・指導、勧告、命令、代執行の措置を行えるものとした。また、空家法では従来、代執行ができなかった所有者がわからない場合も代執行できるようになった（略式代執行）。

同時に、2015年度税制改正では、勧告の対象となったものは固定資産税の住宅用地特例を解除することとした。住宅を建てた場合の税軽減の仕組みは、住宅が足りない時代には住宅取得を促進する効果を持ったが、住宅があまっている現在では、危険な住宅でも解体せず残しておくインセンティブを与えていた。

このように空家法と税制改正によって、特定空家の所有者に対してプレッシャーが強まった。これが空き家所有者の行動に与える影響としては、特定空家にならないように維持管理を行う、賃貸化するなど物件を活用する、維持管理コストと将来的な税負担増を考えて売却するなどの選択を行うことが考えられる。

ただ、特定空家の所有者の税負担を高めたとしても、その支払い能力がなく、解体費も出せない場合には、そのまま放置される物件も出てくると考えられる。この場合、最終的には代執行に至るが、費用は請求しても払ってもらえず、費用回収のため敷地の売却を迫られる。しかし、売れても抵当権が付いていた場合、自治体に回ってくる分があるかはわからない。代執行に積極的に踏み切る弊害としては、最終的にこうした措置がとられることがわかっているとしたら、自ら動かず、自治体に任せる所有者が出てくることである。

空家法と税制改正で、特定空家の自主的解体は従来より進んだ。現に自治体が直面する問題は、それでも対応してくれない場合、すべて代執行を覚悟するのか、あるいはそれ以前の段階で解体費補助を行うなどして自主的対応を促しておいたほうが得策なのかという問題である。

様々な解体促進策

実際、これまで自治体は、各種のインセンティブを通じて解体を促してきた。件数ベースで最も多く解体費を補助している自治体は広島県呉《くれ》市で、2016年度までに501

件、総額1億4243万円の補助を実施した(1件当たり上限は30万円)。呉市は斜面が多く解体が進みにくいため、補助の仕組みを設けた。これにより、これまで処分に悩んできた所有者が空き家の解体に踏み切るきっかけとなった。仮に501件が代執行となれば、自治体の対応能力を超える。

一方、群馬県高崎市では上限100万円とより高額で、2016年度までに427件、3億8753万円の補助を実施した。呉市の補助金は国が半分出すスキームを利用しているが、高崎市では全額市が出しており、支給の基準も10年程度空き家であればよく、緩い。

高額の補助を出すことについてはモラルハザードの問題も大きいが、それによって自主的解体が進み、将来的に問題空き家となり得る物件が現時点で大きく減れば、そのほうが望ましいとの考え方に立つことも可能である。空家法に基づく対処は時間がかかり、空き家対策で目に見える効果を上げるには補助金を支給するのが早いとの市長の判断に基づく仕組みである。財政が豊かであれば、そのような選択も取り得る。

このほか、土地建物を市に寄付する条件で、空き家の公費による解体を進めた自治体もある（長崎市など）。また、空き家が建っていた土地を一定期間公共利用することを条件に解体費を補助し、公共利用の間の固定資産税を免除する仕組みを設けた自治体もある（福井県越前町《えちぜん》など）。

こうした様々な形の公費投入の仕組みは、自治体がそれぞれの事情によって講じたものである。ただし、公費投入にはモラルハザードの問題がある。最初から支援を受けられるとわかっていたら、誰も自己負担で解体しなくなる。自治体としては、あくまでも自主的解体を原則とし、公費投入に踏み切る場合は、地域にとって有効な手法を選ぶ形で支援しようとしている。

所有者不明、相続放棄のケース

２０１７年10月１日時点で、空家法に基づく措置の実績は、助言・指導が１０６７６件、勧告が５５２件、命令が70件、代執行23件となっている（図表２－１）。所有者がわかって

図表 2-1 ｜ 特定空き家等に対する措置の実績

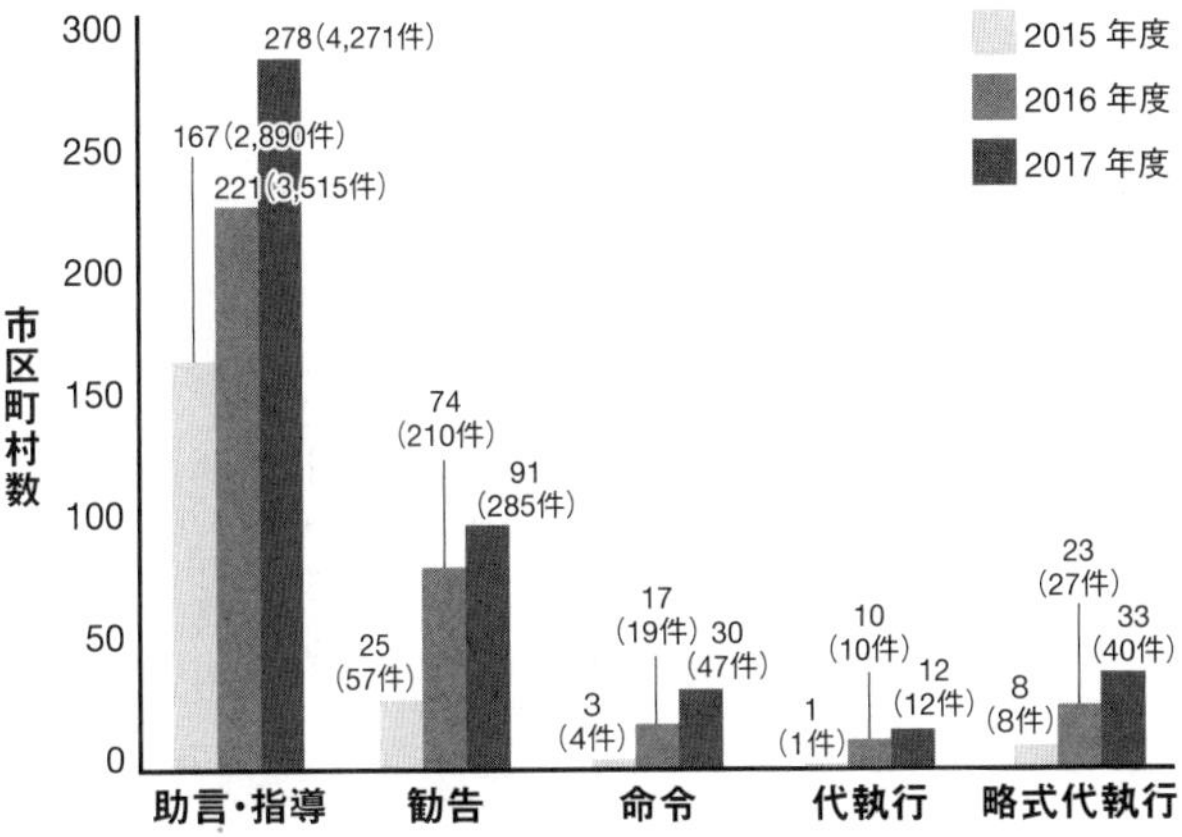

(注)2018年3月31日時点。(　)内は措置件数
(出所)国土交通省「空家等対策の推進に関する特別措置法の施行状況等について」

いるケースの代執行は13件にとどまるが、所有者がわからない場合の略式代執行は75件にのぼっている。自治体は、すでに事態が切迫していた所有者不明物件について、略式代執行で解体を急いだことを示している。所有者がわからないケースの場合、費用は回収できず、公費投入となる。

一方、相続放棄されたケースでは、次の管理者が出てくるまでの間、相続人の管理責任は残る。しかし、管理者が出てくるのは自治体などが相続財産管理人を選任し、処分するようなケースである。費用がかかるため、こうした措置をとることは限られる。

手続きとしては、利害関係人または検察官が家庭裁判所に相続財産管理人の申し立てを行い、その後、家庭裁判所で弁護士や司法書士を相続財産管理人として選定する。この場合、固定資産税が課税されているため、自治体が利害関係人となり得る。ただし、裁判所に申し立てをする場合、予納金（数十万〜百万円程度、管理人への報酬支払いに備えた費用）が必要になるが、売却しても予納金が回収できないケースも多い。

それでもまだ、こうした対応が必要な物件の数が限られているうちは、行政による対応が手続き的にも費用的にも可能でも、今後、人口減少に伴い、所有者不明の物件が大量に発生した場合に、行政の対応力も限界に達すると考えられる。

国土交通省の推計によれば、2050年には現在、居住者がいる地域のうち2割が無居住地域となり（「国土のグランドデザイン」2014年）、また相続人が不在で相続財産管理人を選定しなければならないケースは、急速に増えていく。

しかし、相続財産管理人が選定されるケースは稀で、相続放棄した相続人も管理責任を果たさないまま、特定空家に認定されるケースも増えてくると考えられる。相続放棄された物件が特定空家に認定された場合、相続人に対して助言・指導、勧告までできるが、それ以上はできない。解体の必要が生じた場合は略式代執行になり、この場合も公費投入になる。

すべての危険な空き家を公費で解体することは不可能であるため、この問題は最終的には、人口減少下で今後も居住地として存続させるエリアについて、居住環境を維持するために危険かつ所有者による自発的な解体が期待できない空き家について、どれだけ費用を投入して解体していくかという問題に発展していく可能性が高い。

現状で、すでに多額の公費投入がなされている。代執行は、空家法施行以前では空き家管理条例や建築基準法で行われた例がある。それらを含む2011～15年度のすべての代執行（含む略式代執行）の実績は29件にのぼるが、うち18件（62％）が全額未回収となっていた（『読売新聞（大阪）』2016年7月25日）。

その理由としては、経済的に支払い困難8件、所有者不明・相続放棄10件となっている。

解体費用は29件の総額で約6500万円に達し、うち未回収は約5000万円（77％）となっている。空家法に基づく代執行（含む略式代執行）の事例でも、費用が回収できないものが目立っている（図表2－2）。

図表 2-2 空家法による代執行の費用回収状況

自治体	建物種類	所有者	費用	回収目処
北海道室蘭市	住宅	特定	840万円	○
北海道礼文町	住宅	不在	95万円	×
青森県五所川原市	倉庫	不在	600万円	×
群馬県前橋市	住宅	不在	80万円	○
東京都品川区	住宅	特定	420万円	○
東京都葛飾区	住宅	特定	185万円	○
神奈川県横須賀市	住宅	不在	150万円	×
新潟県魚沼市	住宅	不在	120万円	×
富山県上市市	納屋	不在	81万円	×
	住宅	不在	160万円	×
長野県高森町	納屋	不在	30万円	×
岐阜県大垣市	住宅	不在	230万円	×
大阪府箕面市	住宅のブロック塀	不在	50万円	○
兵庫県明石市	住宅	不在	100万円	×
	住宅	不在	210万円	×
山口県宇部市	住宅	不在	170万円	○
高知県高知市	住宅	不在	90万円	×
福岡県飯塚市	住宅	不在	240万円	×
	住宅	特定	200万円	○
福岡県岡垣町	工場	不在	108万円	×
長崎県新上五島町	住宅	不在	150万円	×
大分県別府市	アパート	不在	513万円	×

(注) 2016年10月1日時点で実施済みのもの
(出所)「朝日新聞」2017年1月12日

section 2

空き家の利活用促進策

空き家バンク

空き家の利活用促進策については、人口減少で悩む地方の自治体などが、早くから空き家バンクの設置を中心に進めてきた。空き家バンクとは、自治体が空き家の登録を募り、ウェブ上で物件情報を公開するなどして、購入者や賃借人を探すというものである。

これまで自治体が講じた空き家対策のうち、一番取り組んでいる割合の高い施策は空き家バンクである。自治体は近年、適性管理の推進や解体促進策としての空き家管理条例の制定を急いだが、それ以前から地方の自治体では、利活用促進策として空き家バンクを設置してきた経緯がある。空き家バンクを設けている自治体は2017年時点で、検討中も含めれば全国で1000以上に達する（国土交通省・総務省「地方公共団体における空家等対策に関する取組状況調査」）。

空き家バンクの成功要因

しかし、空き家バンクへの物件登録、成約実績には自治体によって差が大きい。市町村が開設した空き家バンクでは、開設以来の累計成約件数が0〜9件にとどまるものが49・2％に達する（移住・交流推進機構〔2014〕）。さらに、その後の調査で各年度（2015〜17年度）の成約件数を見ると、成約件数が0件という空き家バンクが毎年2〜3割に達している（移住・交流推進機構〔2018〕）。空き家バンクを設置したものの、開店休業状態のものが多いことを示している。

そうした中で、実績が出ている空き家バンクは所有者による自発的な登録を待つだけではなく、不動産業者やNPO、地域の協力員などと連携して、積極的に物件情報を収集しているものである。

空き家バンクについて、その取り組み状況と成約件数の関係を分析した結果によれば（移住・交流推進機構〔2014〕）、「広報誌やホームページ等で登録物件を募集する」という取り組みについては、累計成約件数が50件以上の成功している空き家バンクでも、累計成約件数が1件以下の成功していない空き家バンクでも、取り組み状況には差はなかった。こうした取り組みは、いずれの空き家バンクも8割以上が取り組んでおり、物件の登録状況には差は出ていなかった。

一方、「地元の不動産業者が蓄積している物件情報の活用や地域の企業・団体との連携」「地域の協力員との連携」「地域の巡回や所有者への問い合わせ」などの取り組みについては、累計成約件数が50件以上の空き家バンクの取り組み割合が高かった。

例えば、「地元の不動産業者が蓄積している物件情報の活用や地域の企業・団体との連携」については、累計成約件数が50件以上の空き家バンクの27・3%が取り組む一方、累計成約件数が1件以下の成功してない空き家バンクでは12・5%しか取り組んでいなかった。空き家バンクが成功するためには、物件情報の収集について、こうした積極的な取り組みが必要になることがわかる。

さらに、空き家バンクの情報を見て問い合わせがあった場合、物件案内はもちろんのこと、生活面や仕事面など様々な相談に応じたり、先に移住した人の話を聞く機会を作ったりするなど、きめ細かな対応が必要になる。

こうした対応は自治体職員だけでは対応しきれないため、NPOや地元の協力員、先に移住した人などとの連携が必要になる。空き家バンクの成約件数が最も多い自治体は長野県佐久《さく》市であるが（2008年度にスタートし、これまでの成約件数は400件超）、地元に相談員（先に移住した人を含む）を置くほか、東京にも推進員を置いて、移住者受け入れに取り組んでいる。こうした体制作りのほか、移住者を惹きつけることのできる地域の魅力を発信できているかどうかも重要になる。

佐久市の場合、訪問診療への先進的な取り組みなどで知られる佐久総合病院を中心に、医療が充実している点は、シニア層を惹きつける要因になっている。

空き家の売却・賃貸化のネック

一方、空き家を売却・賃貸化する場合に、空き家の所有者にとっては何が問題となるのだろうか。親の世代が亡くなって空き家となったケースがその典型であるが、しばしば指摘されるのは、帰省したときの滞在・宿泊先や、従前から置いてあった仏壇や家財道具の置き場所として引き続き利用している所有者が多いという点である。仏壇や家財道具の処分には手間がかかる上、心理的にもなかなか踏み切れない場合が多く、そのため空き家として放置される期間が長くなりがちである。

また、賃貸に踏み切らない理由としては、いったん賃貸すると、返還を求めることが困難であると考えている所有者も多い。確かに普通借家契約の場合はそうした恐れがあるが

（いったん結んだ賃貸契約は更新が原則で、正当事由がない限り、オーナー側から退去を申し入れることはできない）、現在は期限を区切って貸す定期借家の制度（原則、更新しないが、双方の希望があれば再契約可能。２０００年に導入）もあるため、こうした制度があまり知られていないことにも問題がある。

過疎地で空き家の増加に悩む島根県江津《ごうつ》市において、空き家所有者に空き家を貸し出すための条件を聞いたところ（総務省自治行政局・島根県江津市〔２００７〕）、①空き家の修繕費用を入居者が負担すること、②賃貸期間を5～10年に限定すること、③仏壇や位牌の安置場所が確保されること、を挙げる所有者が多かった。

①は自治体が改修費などの補助を行うことでクリアでき、②は定期借家を活用することでクリアできる。③は自治体で対応することは困難であり、所有者自身によって解決してもらうしかないが、所有者にも金銭的補助を与えることによって、売却・賃貸化に向けて仏壇などを片づけるインセンティブをより高めるという方法（空き家バンクに登録する条件で、清掃、残置物の処理費用などとして補助金を支給するなど）も考えられる。

section 3

空き家対策の新たな潮流——「近隣力」の活用

最近新たに出てきた空き家対策で注目されるのは、近隣の力を積極的に活用しようというものである。市場では価値を持たないような空き家の処分に困った場合、昔から、まずは隣の人に取得意向があるかどうかを聞いてみるのが有効と言われてきた。

近隣への解体費用の補助

北海道室蘭《むろらん》市では2017年度から、特定空家を近隣住民や自治会が解体する場合に、費用を補助する仕組みを設けた（費用の9割、上限150万円）。

現在、多くの自治体が空き家解体の費用補助の仕組みを設けているが、その場合、補助を受けるのは所有者である。室蘭市では近隣住民などが解体を求めた場合、空き家を管理しきれない所有者から土地・建物を近隣住民などに無償で取得させ、解体費用を補助する。跡地は住民が活用できるが、10年間は宅地や営利目的に使えず、広場などとして使うという条件付きである。

室蘭市ではかつての鉄鋼産業が衰退し、空き家増加が著しい地域であるが、近隣への支援によって空き家解体を進める施策を取り入れた。補助は所有者本人に行うのが筋であるが、近隣住民に取得意向があるのであれば、その後の管理も含め、近隣の人に任せたほうが合理的とも考えられる。この施策で数件の解体が行われた。

不在者財産管理制度を利用した近隣への売却

一方、東京都世田谷区では2017年7月、所有者不明の空き家を近隣住民に売却する前提で、不在者財産管理制度（不在者に財産の管理人がいない場合、家庭裁判所が利害関係人等の申し立てにより不在者財産管理人を選任。家庭裁判所の監督のもとで、不在者財産管理人が当事者に代わって財産の管理および保存を行う制度）を利用して取り壊した。

不在者財産管理制度を活用する場合、裁判所に申し立てて不在者財産管理人を選任する必要があるが、その際、一定の予納金が必要になる。しかし、敷地を売却できないと解体費用も含めて回収できなくなるため、これが制度利用のネックになっている。これに対し、市場では価値がなくとも近隣住民が買い取る意向を持っていることがわかれば、この仕組みを利用して更地にして売却するという道が開ける。世田谷区は、この点に着目して今回の措置をとった。

同じことは、空家法に基づいて略式代執行の措置をとり、その後に不在者財産管理人を選任して敷地を売却する道もあるが、今回の世田谷区の措置のほうが手間が省けるメリットがある。

所有者がいない状態は、相続放棄されたケースでも生じる。その場合は、似た仕組みではあるが不在者財産管理制度ではなく、相続財産管理制度の利用になる。山口県宇部《うべ》市では、空家法に基づく略式代執行で解体した後、相続財産管理人を選任し、敷地売却によって費用を回収しようとしている例がある。今後については世田谷区のように、まずは近隣の意向を確認した上で手間を省くため直接、不在者財産管理制度を活用する方法は、一つのツールになると考えられる。

空き家の近隣住民への斡旋

空き家が発生した場合、近隣住民に積極的に取得を持ちかけてきた住宅地の例もある。

埼玉県毛呂山《もろやま》町は埼玉県中南部で池袋から電車で1時間ほどの場所にあるが、1960年代に開発された古い戸建て団地の敷地が狭小であり（60〜90㎡）、居住環境がよいとは言えない状況にあった。その後、老朽化が進み空き家が発生するようになると、地元不動産業者がまずは近隣住民に取得を持ちかけるようになり、これまで200件ほどの隣地取得が行われた実績がある。敷地が狭いため、空き家になった区画を団地外から新たに取得しようとする人は現れにくいが、近隣住民にとっては空き家を取得して敷地を拡張するチャンスになるため、業者がそこに商機を見出して積極的に動いたという事例である。

毛呂山町は埼玉県内で最も空き家率が高く、空き家問題が深刻である。しかし、こうした事例も踏まえ、空き家を減らすためには、低価格での優先譲渡など隣地と統合する枠組みも検討課題としている。ただ、近隣の人も高齢となり、後を継いで住む人もいない場合には、隣地取得のインセンティブはない。タイミングが合わなければ、隣地取得促進の施策も効果を生むかはわからない。

例えば、東京都江戸川《えどがわ》区ではかつて小規模宅地の解消を目的に、隣地買い上げや新規購入について低利融資を行う仕組み（「街づくり宅地資金貸付制度」）を設けていたことがある（1994～2012年度）。対象は、隣地買い増しにより70㎡以上になる場合などであった。しかし、実際には隣地買い上げではなく、新規購入で使われるケースが圧倒的に多かった。隣地であっても、希望やタイミングが合わなければ、容易には取得されないことを示している。

ただ、今後とも住宅地として残る地域においては、隣地取得の支援策があれば、それによって多少なりとも敷地が統合され、居住環境の改善に役立つ可能性がある。

「近隣力」活用メニューの必要性

空き家対策には、これをやればすべて解決するという万能の処方箋はなく、「近隣力」の活用メニューも地域の置かれた状況によっては有効になると考えられるため、検討していく価値はある。

例えば、近隣住民が費用面で取得意向を示さない場合でも、かつての江戸川区のような支援を行って取得してもらえば、以降は自治体が管理不全の問題を心配する必要もなくなる。取得費用などを支援しても、自治体や地域にとってはそのほうが望ましいと考えられる場合はあるだろう。

実際、室蘭市では近隣に取得させた上、解体費用を支援するというところまで踏み込んだ。今後の自治体の創意工夫が求められる。なお、近隣力活用のメニューは第3章で述べる、「面」としての空き家対策の第一歩とも位置づけられる。

section 4

空き家ビジネスの最前線――「負動産」活用ビジネス

買い取り再販ビジネス

空き家に一工夫加えることで、流動化させるビジネスが活発化している。前述のように、自治体は早くから仲介業者が採算性の面で取り扱わないような物件を、空き家バンクによってマッチングさせてきた。ただし、安いからといって需要が生まれるわけではなく、一定以上の成約実績を持つ空き家バンクはごく一握りに過ぎない。

近年活発化したのは、地方を中心に空き家を数百万円程度で安く買い取り、数百万円程度で改修し、1000万円から1500万円で売る、買い取り再販ビジネスである。地方では新築の半値以下であり、立地や物件の状態によっては十分需要が生じる。親から引き継いだ土地付きの家を数百万円で売却するのには抵抗があるが、保有し続けても税負担、管理責任、さらには事故が起こった場合の工作物責任などを負うばかりでメリットがなく、値段がついただけましと売却する人が増えている。

その代表的な事業者は、こうしたビジネスの先駆けで今や全国に拠点を置く「株式会社カチタス」（群馬県桐生《きりゅう》市）である。

競売物件の買い取りから事業を始め、近年は空き家の買い取りで成長し、地方都市を中心に100店舗以上を持つ。年間の取り扱いは約4000戸で、累計4万戸以上の販売実績を持ち、2番手以下に圧倒的な差をつけている。空き家を買い取る目利きが、この立地でこの状態ならば売れると見込んだ物件を仕入れ、売れる値段で確実に売り切る戦略を取っている。

1978年に前身の会社が設立され、2004年には名証セントレックスに上場したが、競売物件の減少で業績が悪化して２０１２年に上場を廃止し、投資ファンドの下で再建を図った。その後、空き家の買い取りで収益を伸ばし、２０１７年12月に東証一部に上場した。優れたビジネスモデルとの評価を受け、２０１７年度ポーター賞（一橋ビジネススクール国際企業戦略専攻〔一橋ＩＣＳ〕が運営）を受賞している。

こうしたビジネスは、都市部においては地価の高さから販売価格が高くなり、新築との競争力を出しにくいため、地方を中心に成長している。

賃貸需要の開拓

さらに近年登場したのは、空き家を市場では供給が少ない戸建ての賃貸物件として活用しようとする動きである。所有者から安く借り、最低限の改修を施し、相場より安い価格で貸し出すことによって、起業家向けやアトリエ、工房などの需要を開拓している例がある。そのような需要が見込まれる場所であれば、十分、ビジネスとして成り立つ。こうした不動産投資は、「廃墟不動産投資」や「古民家不動産投資」と呼ばれることもある。また、こうした賃貸需要の開拓を専門で行っている仲介業者もいる。

芸術家や工芸家のアトリエ、工房に使える物件を仲介する「取手《とりで》アート不動産」（NPO法人取手アートプロジェクト、茨城県取手市）と株式会社オープン・エー（東京都中央区）が運営するサイト）、空き家を若いクリエーターなどの入居者とともに、工房やアトリエなどに改修して使う活動に取り組んでいる「omusubi不動産」（千葉県松戸《まつど》市）などがある。

こうした取り組みでは、借り手が自由にDIYで改修を行い、原状回復の義務がないDIY型賃貸としていることが多い。取手アート不動産では、東京芸術大学の学生や卒業生の需要などを開拓している。

omusubi不動産がターゲットとする物件は、荷物だらけの古民家、未内装のままぼろぼろになってしまった古ビル、ほとんど空室のアパート、昭和の団地やマンションなどであり、こうした価値がないと思われている物件を、DIYや新たなアイディアによって再生させている。こうした活動が評価され、2017年10月には、日本一の不動産エージェントを決める「リアルエステートエージェントアワード 日本一決定戦」（オーナーズエージェント株式会社〔東京都新宿区〕ほかが主催）でグランプリを受賞した。

以上述べてきた買い取り再販、賃貸需要の開拓は、需要がつかない「負動産」と思われていた空き家の新たな需要を開拓した例として注目される。ただ、当然のことながら、そのような潜在需要のある場所でなければ成り立たない。所有者にとっては、売却価格や賃貸料は高くなくても、放っておいてただ固定資産税を払っているよりはましという観点から、流動化を考える場合が増えている。

マイナス価格での取り引き

ここまでは、取り引きで値段のある世界である。これに対し、最近ウェブ上で、どんな空き家の掲載も可とするマッチングサイトが登場している。空き家バンクにも掲載してもらえない物件、家財道具を大量に残しているような物件でも掲載可で、中には残置物の処理費用として数十万円支払うという、実質マイナス価格の物件が掲載されている例もある。

その代表的なサイトが、「家いちば」(株式会社エアリーフロー〔東京都新宿区〕が運営)である。空き家処理に困った所有者が最後の駆け込み寺として物件を掲載しており、ただ同然かマイナス価格ならば、住まないまでも短期滞在用や物置などとして使いたいなどの需要を開拓している。2015年10月に開設し、これまでに200件以上登録され、20件ほど成約しているという。直接交渉でやりとりし、話がまとまって契約する際にはエアリーフローが間に入る。

結局は問題の先送りか

このように、空き家を抱える所有者が手放したくてもどうしても買い手がつかない場合、最後はただに近い価格やマイナス価格でようやく取り引きが成立する事態に至っている。こうした現象は、一部のリゾートマンションや別荘ではすでに現れていたが、現在は普通の住宅でも現れている。

ただ、値段が下がったことで高齢者や低所得者が流入しているリゾートマンションや別荘の中には、今は人が増えて悪くはないが、将来的に住んでいる人が亡くなった後の物件管理や処理について懸念する声が出ている例もある。新たな需要で一時的に空き家が使われても、将来的には管理が放棄されたり、相続放棄されたりするなどの問題が発生する可能性は残る。マッチングサイトで安く手に入れた人の中には、必要なくなったら売ればよいとの考えもあるようだが、次の需要者が出てくるとは限らない。

結局は、そうした物件を最終的に誰が管理、処理するのかという問題に突き当たることには変わりない。その責任があるのは所有者であるが、最近は空家法に基づく強制的な取り壊しを含む代執行、略式代執行が増えている。代執行の場合は、まだ費用を回収できるケースもあるが、略式代執行の場合は所有者不明のため、費用を請求できない。所有者が最後まで責任を果たすという自覚を持って住宅を取得しない限り、今後も空き家処理で公的負担が増していくことは避けられそうにない。

section 5

空き地、所有者不明土地対策

空き地対策

空き地対策は、空き家対策ほどは進んでいない。空家法に基づき特定空家を認定するため、自治体は空き家の実態調査を進めているが、空き地については3割程度の自治体は「都市計画基礎調査で継続的に把握している」とし、6割以上の自治体では「調査を行う予定はない」としている（国土交通省「空き地等に関する自治体アンケート」2017年）。

空き家では、空き家バンクなどを通じ自治体が空き家の情報を公開し、需給のマッチングを行っている自治体が多いが、空き地についてはそうした仕組みを持っている自治体は少ない。自治体アンケートでは、「空き家の情報を公開する仕組みの有無」について43・4%の自治体が、「不特定多数に対しネット（例：空き家バンク）や台帳縦覧等による公開を行っている」と回答したが、「空き地の情報を公開する仕組みの有無」について同様の仕組みを持つ自治体は、11・7%に過ぎなかった。

空き地所有者に対し適正な管理を促す空き地管理条例については、自治体アンケートで「ある」と回答した自治体は35・4%にとどまった。空き家管理条例の制定が進み、空家法の制定にまでつながった空き家対策に比べ、自治体は空き地対策にはそれほど危機感を持って進めている状況にはない。

空き家は建物が現存し、危険な状態になった場合の悪影響が大きく、また過疎に悩む自治体にとってみれば、そこに何とか人を呼び込みたいとの考えから対策に注力することになる。しかし、更地になった後の対策は悪影響の度合いは小さくなり、後回しにされがちだと考えられる。

所有者不明土地対策

所有者不明土地対策については、国土交通省は、２０１６年3月に出した報告書「所有者の所在の把握が難しい土地への対応方策」において、所有者探索の円滑化の必要性を指摘し、関連制度を活用するためのガイドラインを策定した（２０１７年3月に第2版を公表）。合わせて所有者不明とならないよう、相続登記を働きかける必要性を指摘した。所有者不明の土地への対応のため、現行制度の範囲内で最初に取り組まなければならない課題をまとめたものである。

相続登記を促す自治体の取り組みとしては、京都府精華《せいか》町の事例がある（以下の説明は、『土地白書 ２０１７年版』による）。精華町では死亡届の提出があった場合、総合窓口で受け付けを行い、関係課と連携して書類を取りまとめ、死亡届に伴う諸手続きの案内資料として相続人に送付している。また、死亡者が土地所有者である場合には、固定資産税係に確認して該当者であることをわかるようにしておく。

そして手続きのため訪れた際には、総合窓口で戸籍・住民票関係の対応をし、死亡者が土地所有者である場合には、固定資産税係が総合窓口まで出向き、法務局で相続手続きが必要になることを説明し、相続登記の際に必要となる書類等を渡す。さらに農地や森林の所有の有無については総合窓口が聞き取った上、農業委員会に案内し、届出の対応を行う。

このように精華町では、相続時に土地関係の届出の漏れがないよう総合窓口において、ワンストップで案内する仕組みを整えている。こうした対応により、農地法に基づく届出が2010年に年間2~3件だったものが2011年以降、年間20件程度となり、効果が現れた。

所有者不明土地の利用を促す新たな仕組みとしては、所有者がわからなくとも利用できるよう、利用権設定を可能にする仕組みが新たに導入された(「所有者不明土地の利用の円滑化等に関する特別措置法」が2018年6月成立)。都道府県知事の裁定により所有者不明土地の利用権を設定し、補償金を供託した上で公共性を持つ事業に使えるというものである。

遊休農地の場合は都道府県知事の裁定によって利用権を設定し、農地中間管理機構が補償金を供託した上で利用権を取得できる仕組みがあったが、同じような仕組みが所有者不明土地についても導入されることになる。所有者不明土地の存在で公共事業が滞っているようなケースにおいて、利用が期待されている。

一方、相続時の登記を促すため登記義務化の必要性がしばしば指摘されている。しかし、義務化しても罰則強化は難しく、実効性を持たせることができないとの難点もある。登録免許税等の登記費用の総額が土地の価値を上回る場合は、義務化されても登記を促進する効果はあまりないと考えられる。義務化よりは登録免許税の減免措置を導入し、さらに将来的には安価な手数料とすることで、コスト面で登記を促していくほうが現実的とも考えられる。

所有者不明土地を現在以上に増やさないため、マイナンバーを活用して登記簿や戸籍の関連データを一括管理する仕組みも提案されている。しかし、マイナンバーの利用範囲を広げるためには法改正が必要となり、国民の理解を得られるかは不透明である。マイナンバーを使わなくても、精華町におけるような死亡情報がほかの手続きを要するところに流れていく仕組みがあればよく、まずは現行制度の範囲内で必要な情報の流れが実現されるような仕組みを構築するのも一案と考えられている。

こうした今後の課題については、2018年度中に具体的方向性を提示した上、2020年までに必要な制度改正を実現する方針が示されている（所有者不明土地等対策の推進のための関係閣僚会議「所有者不明土地等対策の推進に関する基本方針」2018年6月）。

最後に所有者不明マンション対策であるが、これについては管理組合などでは問題は認識されているが、政策的な対応はまだ手付かずと言ってよい。

第3章

より根本的な対策①

——まちづくりとの連動

section 1

点としての対応から面としての対応へ

日本では戦後、高度成長期の住宅不足に対応するため、まち（市街地）を広げ新築家屋を大量に造ってきたが、一転して人口、世帯が減少に向かうようになると、条件の悪い地域などでは引き継ぎ手のない空き家が増えるようになってきた。短期間で建て替えることが前提で住宅寿命が長くないため、使うに使えない状態だという事情もある。空き家を増やさない根本策としては、広がりすぎたまちを縮減するとともに新築を減らし、中古市場を拡充していくことが必須である。

空き家対策については、これまで個別の問題空き家への対処やまだ使える空き家の再生など「点としての対応」が中心であった。しかし今後は、まちの縮減を図りながら、まちづくり全体の中で空き家問題に対処していくという「面としての対応」を進めていく必要がある。すなわち空き家対策とコンパクトシティ政策、エリアマネジメントの連動である。面としての対応は、最近まちの「スポンジ化」が問題視されていることからも必要性が高まっていると考えられる。スポンジ化とは、都市の内部において小さな穴が開くように空き家や空き地が点在するようになる現象である。

例えば、宮崎市の中心市街地では空き地の割合が18・3％（2016年）となっており、スポンジ化の典型事例とされる。まちを広げる郊外化の過程で中心市街地の衰退が進んだため、多くのまちでは空き家は条件の悪い郊外と中心市街地の双方で増加している。

section 2

コンパクトシティ政策

コンパクトシティ政策の必要性

人口増加時代にまちが大きく広がったケースでは、その後の人口減少により空き家や空き地が増え、まち全体の維持が難しくなっているケースは少なくない。特に地方の一定規模以上の都市は、高度成長期にまちの拡大が進んだこともあり、その後の人口減少が著しく、結果として薄く広く広がった状態になったまちを縮減していく必要性が高くなっている。まちが郊外に広がる過程では、中心市街地の空洞化が進んでいる場合も多く、コンパクトシティ化は中心市街地活性化政策とも密接にリンクする。

一方、産業衰退に直面したり、立地的に条件が不利な地域においては、すでに人口が激減し、将来的に間違いなく消滅しかねないという危機感が強くなっており、コンパクトシティ化を進めていかざるを得ないケースもある。

コンパクトシティ化の必要性が主張される場合、主な理由は次の三つである。

第一は、高齢化社会において、日常の買い物や通院において自分で車を運転しなければ用を足せないまちは、暮らしにくい。

第二に、薄く広く拡散したまちの公共施設やインフラを、人口減少が進んでいく中ではすべて維持することは財政的に困難である。

第三は、地方においては税収に占める固定資産税の割合が高いが、中心市街地が空洞化してその価値が下がると固定資産税収が維持できず、財政に悪影響が及ぶことである。

一般には、第一の理由が強調されることが多いように見受けられるが、自治体にとっては財政上の第二、第三の理由がより切実である。

立地適正化計画の導入

これまでコンパクトシティ政策は、改正中心市街地活性化法（2006年6月施行）の枠組みで行われることが多かった。しかし、成功事例として取り上げられるのは富山市くらいで、十分な成果が上がったとは言えない。2006年度に、富山市とともに全国で初めて中心市街地活性化基本計画の認定を受けた青森市では、駅前の商業施設「アウガ」を運営する第三セクターが事実上経営破綻した。

2015年に内閣府がまとめた報告では、117市（2015年12月現在）の認定基本計画で目標達成した評価指標は全体の29％にとどまり、認定市街地の人口シェアもむしろ低下した。中心市街地活性化の仕組みだけでは、限界に達していた。

そこで、新たなコンパクトシティ化の枠組みとして改正都市再生特別措置法（2014年施行）により、「立地適正化計画」の仕組みが導入された。立地適正化計画は、住宅と都市機能施設の立地を誘導することでコンパクトなまちづくりを目指すもので、都市計画マスタープランを補足するものと位置づけられる。策定する動きは急速に広がっており、2017年12月末時点で384都市が立地適正化計画について取り組んでおり、うち116都市が計画を策定、公表した（国土交通省調べ）。

立地適正化計画では、住宅を集める「居住誘導区域」と、その内部に商業施設や医療施設、福祉施設などの立地を集める「都市機能誘導区域」が設定される。居住誘導区域外では、例えば3戸以上の住宅開発には届出が必要になり、開発が抑制される。

まちの縮減の必要性は、2015年に策定された「国土利用計画」でも示されている。この計画では、2025年の住宅地面積の目標を2012年と同じとし、伸び率をゼロとした。住宅利用を抑制することを初めて打ち出し、コンパクトシティ化を推進していく方針を強く示した。

埼玉県毛呂山町の事例

空き家対策とコンパクトシティ化を連動させたことで注目されるのが、第2章でも紹介した、埼玉県毛呂山町である。町村で最初に立地適正化計画を策定したことでも注目された（図表3－1）。

①厳しい財政状況

毛呂山町の人口は、2015年で3万7275人である（「国勢調査」）。国立社会保障・人口問題研究所（2013年推計）によれば、2015年から2040年にかけて人口は16・2％減少し、3万1200人になる見込みである。毛呂山町がいち早くコンパクトシティ化に取り組んだ背景には、人口減少が避けられない中、まちの空洞化がますます進み、財政状況も悪化していくとの厳しい認識がある。

図表 3-1 ｜ 毛呂山町の居住誘導区域・都市機能誘導区域

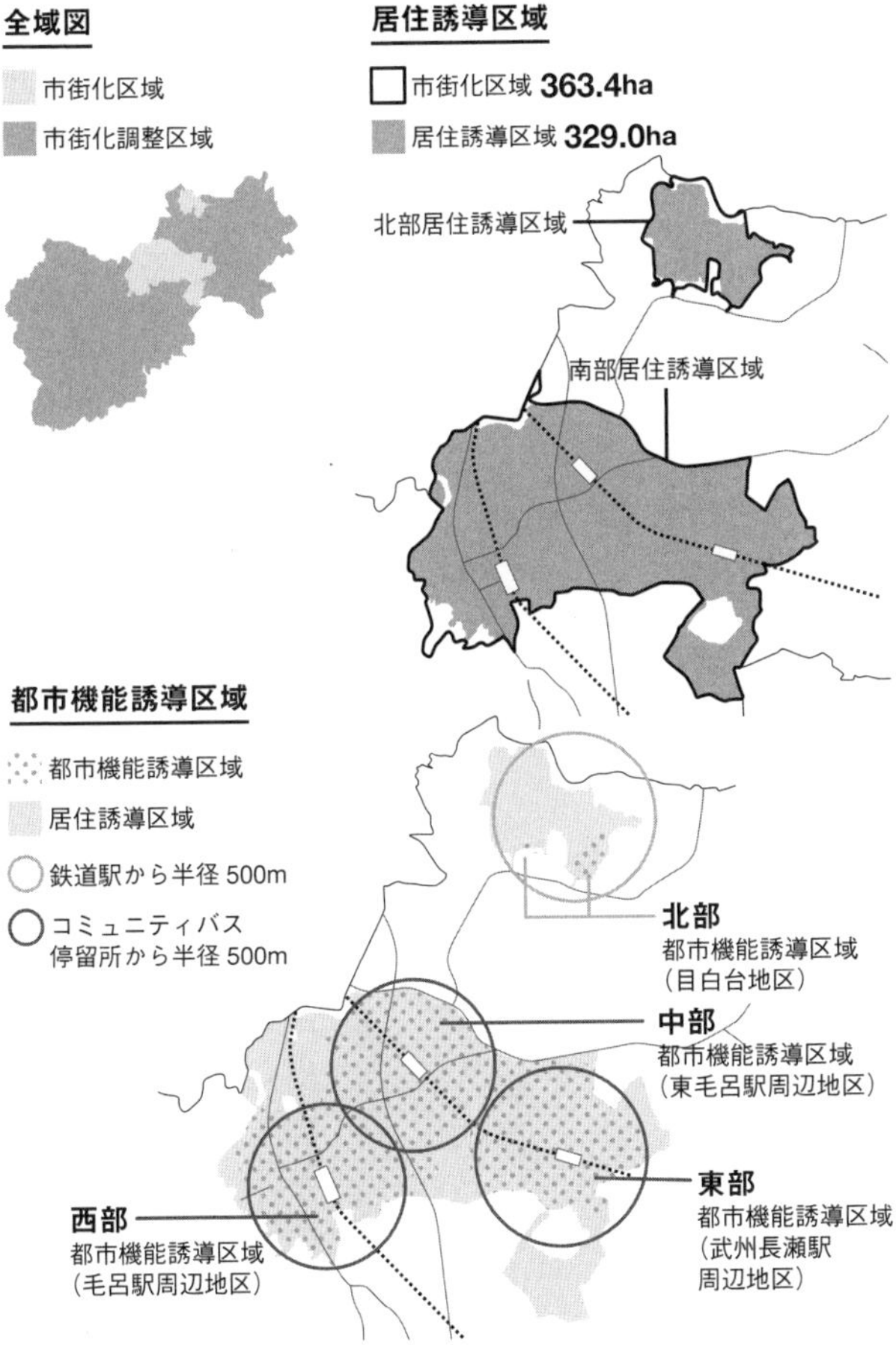

（出所）毛呂山町「毛呂山町立地適正化計画」2017年2月

毛呂山町の住民一人当たりの地方税（2013年度）は埼玉県内60位（63市町村中）、全国1105位（1718市町村中）、また住民一人当たりの固定資産税（2013年度）は埼玉県内60位（63市町村中）、全国1392位（1718市町村中）と、財政状況は全国的に見ても悪い。今後の財政収支は、毎年7〜9億円の赤字が生じる見通しとなっている。

財政悪化に歯止めをかけるためには、人件費などの義務的経費の歳出を抑制するのはもちろんであるが、投資的経費の抑制も必須となる。この場合、居住誘導区域が設定されていれば、今後、老朽化した公共施設を更新する際、優先順位をつけることができる。また、歳入面では人口を呼び込み、中心市街地の価値を高めることで、固定資産税の底上げを図っていくことが必要になる。

②ゴーストタウン化の懸念

毛呂山町がまちの構造として抱えている問題として、まず古い住宅地（鉄道3駅周辺）では高齢化が進展している点が挙げられる。例えば、武州長瀬《ぶしゅうながせ》駅（東武鉄道越生《おごせ》線）周辺は

1950年代に開発された古い住宅地で、すでに高齢化が進んでいる。

一方、北部のニュータウン（目白台地区）は、1999年に分譲開始された新しい住宅地で若い世代が多く住む。しかし、診療所や商業施設など必要な都市機能が充足していない上、鉄道駅から離れ、駅まで路線バスも通っていないという問題がある。

古い住宅地では空き家が増えており、毛呂山町の空き家率は19・8％（2013年）と埼玉県内で一番高くなっている。地価も下落の一途をたどり、人口がピークとなった2008年から2015年までにおよそ2割も下落した。毛呂山町の住宅地は開発年代ごとに同じような世代が集まっており、高齢化がすでに進んでいるエリアもあれば、今は若い世代が多い目白台地区も、将来的には一斉に高齢化していくことが懸念される。

目白台地区では自動車中心のライフスタイルであるが、高齢化が進むと住みにくくなり、最悪ゴーストタウン化する懸念すらある。また、古くからの鉄道駅周辺の住宅地では、一定以上の人口密度が維持されなければ、将来的には鉄道の維持が難しくなっていく懸念もある。公共交通の死は、自治体の死を意味するとの厳しい認識を持っている。

一方、住宅新設は目白台地区では落ち着いたものの、本来、市街化を抑制すべき市街化調整区域では、なお開発圧力が存在する。市街化調整区域が開発されると、都市基盤整備が後追いで必要になり、財政負担が増す。基盤整備がなされた市街化区域での新設が望ましいが、市街化調整区域の開発が許容されたままではそれもままならない。

③意欲的な数値目標の設定

こうしたまちの構造を温存したままでは、まちの衰退に歯止めをかけることができないとの危機感から、全国の町村でいち早く立地適正化計画の策定に取り組んだ。居住誘導区域は、鉄道駅3駅周辺の古くからの住宅地と北部のニュータウン（目白台地区）の2ヵ所に設定した。市街化区域に占める居住誘導区域の割合は、90・5％となっている。都市機能誘導区域は、鉄道3駅とニュータウンのコミュニティバスのバス停からそれぞれ半径500mの範囲とした。

居住誘導区域への居住誘導を進め、区域外の空き家は解体を進めていくことで、203

5年の空き家率を15％（2013年19・8％）、区域外から10％居住誘導して2035年の区域人口密度を1haあたり65人、2035年の公示地価2015年対比で10％以上の上昇などの数値目標を掲げている。

これらの数値はおおむね5～10年前の水準で、今後の取り組みで少なくともその水準に戻したいという意図が込められている。地価の回復は、固定資産税収の回復につながり、財政を好転させる効果を持つ。

今後のまちづくりの方向は、第1段階として目白台地区の都市機能誘導の充実を図り、若い世代の満足度を高める。第2段階として目白台地区から武州長瀬駅へのバス路線を誘致し、公共交通の整備を図る。第3段階としては、武州長瀬駅南口の町有地を核に老若男女のニーズを満たす施設を整備する（にぎわい創出、不足する都市機能をテナントとして誘致など）。第4段階としては、武州長瀬駅北口の空き家・空き店舗の活用を図る（共同建て替え、隣地買い取りによる区画規模の拡大など）。第5段階としては、これらの活動をほかの2駅周辺にも広げていく。

このうち区画規模の拡大については、古くからの住宅地では区画が狭く、新たな住宅需要のニーズを満たしていないとの問題意識がある。低価格での優先譲渡など、隣地と統合する枠組みを考えていく必要がある。後に紹介する、NPO法人つるおかランド・バンクのような取り組みも有効になるだろう。

毛呂山町は比較的コンパクトにまとまっているまちであるが、市街化調整区域の開発圧力を放置したままでは、旧市街地の衰退や財政状況の悪化に拍車をかける。この取り組みは駅周辺の古くからの住宅地とニュータウンにまちをまとめていくことで、一定の人口密度を確保して地価水準を維持し、まちの衰退に歯止めをかけていこうとするものである。

始まったばかりでまだどうなるかはわからないが、少しでも成果を出し、次の取り組みにつなげていく好循環に持っていけるかが成否を左右すると思われる。

section 3

エリアマネジメント

エリアマネジメントとは何か

そもそもまちが広がらなかった地域ではコンパクト化の必要はないが、広がってしまった地域ではコンパクト化を図る必要がある。その上で、今後とも残すエリアにおいて、衰退に歯止めをかけるためのエリアマネジメントが求められることになる。

エリアマネジメントについては、国土交通省が今から10年前にエリアマネジメントの進め方を解説するとともに、先進事例を紹介するマニュアルを作成している（国土交通省〔2

008」)。そこではエリアマネジメントは、「地域における良好な環境や地域の価値を維持・向上させるための、住民・事業主・地権者等による主体的な取り組み」と定義されている。

国土交通省がこの時点でこのようなマニュアルを作成した背景には、成長都市から成熟都市の時代への移行に伴い、行政による民間開発のコントロールを中心としたまちづくりから、民間、市民による管理運営（マネジメント）を中心に据えたまちづくりへの移行の必要性が認識されていたことがある。

現在においては人口減少が本格化し、空き家、空き地が増加する中、良好な住環境を維持、創出するためのマネジメントが、より一層必要とされるようになっている。空き家問題はここ数年大きくクローズアップされ、空家法の施行など行政による対応も進んできた。しかし、これまでのところ、個別の問題空き家への対処やまだ使える空き家の再生など「点としての対応」が中心であり、まちづくり全体の中で空き家問題に対処していくという「面（エリア）としての対応」はあまり進んでいるとは言えない。

一方で、市民や事業会社、ＮＰＯなど民間を主体とする活動の中には、個別の物件再生の動きから始まりながらも、エリア全体の再生を視野に入れた活動に発展している例も出ている。あるいは、当初からエリアを永続させることを志向して成長管理的な手法でまちづくりを行い、各地でエリアの衰退が進む中、その活動の先進性が際立つような例も現れている。

活動の発展形態も多様で、民間主体の活動から出発しながらも行政がその成果に注目し行政との連携に発展したりする例、また逆に行政が仕掛けることで民間の潜在力を呼び起こすような例などがある。活動開始時期も当初から活動をしてきた例、逆に衰退の極みに至って民間や行政による仕掛けが登場し、それが成果を出し始めているような例もある。

ここでは既成住宅地や中心市街地の維持、再生で成果を出しているケースのほか、エリアマネジメントとしてまだきちんと組織化されていなくても、その萌芽が見られ今後発展する可能性が高いケース、あるいは個人の活動が周りを巻き込んでエリアマネジメント的な活動に発展しているケースなどに目を向け、人口減少下でエリアを持続的に維持していく活動の意義や、どのような局面でその取り組みが有効となるかについて見ていく。

具体的にはエリアマネジメントが導入された時期別に、①エリアの開発当初から導入されたケース、②エリアの衰退予防の活動として立ち上がったケース、③衰退後の再生活動として立ち上がったケースの3つに分け、それぞれの事例を取り上げる。

①としては、福岡市シーサイドももち（百道浜《ももちはま》四丁目戸建地区町内会が実施）、千葉県佐倉市ユーカリが丘（山万株式会社が実施）、②としては、東急沿線（東京急行電鉄株式会社が実施）、③としては、長野市善光寺《ぜんこうじ》門前（株式会社MYROOMが実施）、広島県尾道《おのみち》市旧市街（NPO法人尾道空き家再生プロジェクトが実施）、山形県鶴岡《つるおか》市中心市街地（NPO法人つるおかランド・バンクが実施）をそれぞれ取り上げる。

福岡市百道浜四丁目戸建地区町内会（福岡県福岡市）

①高級住宅地に成長した背景

まず、そもそも魅力ある住宅地として開発され、それが適切に維持管理されることで価値を持続的に向上させ、衰退とは無縁なエリアになっている例を紹介する。すなわち、開発当初からエリアマネジメントが機能している例である。

福岡市早良《さわら》区にある百道海岸を埋め立てて造成された「シーサイドももち」では、1988年から1993年にかけて、ディベロッパー7社が高層マンション、低層マンション、戸建て住宅など2000戸あまりを開発、分譲した。その中で百道浜四丁目（シーサイドももち中2街区）は、シーサイドももちにおける唯一の戸建て住宅地として、1989年に開催されたよかトピア（アジア太平洋博覧会——福岡'89）での戸建て住宅フェアを契機として、積水ハウスが開発した。区域面積は8・2haで、住宅戸数は約200戸である。

百道浜の最寄り駅は、福岡市の中心の天神駅から電車で10分の藤崎駅であるが、藤崎駅から戸建てエリアまでは15分程度歩かなければならず、利便性は高くない。それにもかかわらず、高級住宅地として成長した。

その秘密は、建築家の宮脇檀《まゆみ》が作成したプランに基づく、統一感のある建物の形態と外構、美しい御影石の石積みや豊かな植栽、緑道、電線地中化などによって良好な街並みが形成され、それが住民の手によって守られてきた点にある（3-2）。

ここにしかない高級感のある景観が、住民の努力によって年月とともに風格を増し、落ち着きと気品に満ちたものに育っていったことが、百道浜の住宅地としての価値を向上させてきた。1996年度には、福岡市都市景観賞を受賞している。

1989年の分譲とともに、住民による町内会が結成。住宅建設が終わったブロックから協定が締結され、1989年にはA地区、1991年にはB地区で建築協定と緑化協定が締結された（その後、地区で別々だった建築協定の内容は統一）。両地区合わせて6ha、215筆となっている。主な建築基準は、建物は2階以下で高さは10・0m、屋根は勾配屋根のみ、外壁の後退距離は道路境界線から2・0m以上（南は2・5m）、隣地境界線上では南側3・0m、北側1・5m、東西1・2mとなっている。

一方、緑化協定では道路・緑道等に面した部分で植栽を行うこととなっており、生垣を主とした連続的なグリーンベルトの形成を支えている。また、もともと分譲時に策定されていたシーサイドももちアーバンデザインマニュアルでは、戸建て住宅地区の基準として、敷地の間口は最低12m、敷地規模は200㎡以上とし、再分割を禁止している。

3-2　百道浜４丁目住宅の街並み

（出所）国土交通省

１９９３年にはこの地区の小学校が誕生し、同じ生活水準の人が集まり、小学校の教育水準の底上げにつながったとの評価もある。この地区には、医師の居住者が多いという。

地区の活動は、日々の生活は町内会、街並み作りは建築協定、緑化協定の運営委員会、共有地の管理は共有施設管理組合が担っている。これらを一体的に運営するため、町内会の役員・組長を持ち回り制とし、役員は協定運営委員や管理組合役員を兼ねている。

エリアマネジメントの主体は、これら

組織である。住民は各協定に同意の上で購入しており、住民の住環境の意識は当初から高かった。

1999年には街路樹の根元に植栽する花壇づくりの取り組みが始まり、これが100ヵ所ほどに拡大していった。この活動は福岡市の助成金を受けることができ、2001年には福岡市森と緑のまちづくり協会（現、緑のまちづくり協会）による「緑のまちづくり賞特別賞」、2007年には花と緑の市長表彰、さらに2009年には、住宅生産振興財団の「住まいのまちなみ賞」を受賞した。

福岡市の住宅地として高い評価を受け続けており、住民にとっては適切な維持管理を続けていくことが、自らの資産価値を上昇させることにつながっている。また、価値が市場で評価されるという事実が、さらに住民に維持管理のインセンティブを与える好循環となっている。

山万株式会社（千葉県佐倉市ユーカリが丘）

①開発のコンセプトと経緯

次に、開発業者がまちの成長を管理し、当初から持続的なまちづくりを目指している例を紹介する（図表3－3）。業者主体で、住民を巻き込む形のエリアマネジメントである。

山万は現在はディベロッパーであるが、もともとは繊維問屋で、担保でとった横須賀の土地を開発したことを契機にディベロッパーに移行した。繊維が手形商売で競争が激しいため、倒産により手形回収ができなくなるリスクが高いのに対し、不動産は現金ですぐに回収できる点、また不動産は自分たちの仕事が永久に残る点を魅力に感じたという。

最初のまちづくり事業である「湘南ハイランド」（神奈川県横須賀市《よこすか》）は、約3300戸、約1万人の街に成長したが、ディベロッパーが通常行う、分譲後は住民にお任せという「分譲撤退型」の開発で、本当のまちづくりをやり切れなかったとの思いが募った。繊維業界では、縫製業者や小売業者など得意先とはとことんつきあうのが当たり前であるが、造成して売るだけでは理想のまちづくりはできないと感じた。また、湘南ハイランドは久里浜《くりはま》から徒歩30分で交通の便が悪いが、バス会社がバスを運行させたのは最終分譲の頃で、自社で最初から交通整備をしなかったという点も反省材料であった。

ユーカリが丘は千葉県の新産業三角構想、すなわち成田国際空港、幕張《まくはり》メッセ、かずさアカデミアパークのトライアングルの真ん中に位置しており、都心からも1時間圏内であることから将来性が高いと見て、1971年から買収に着手した。水がめである印旛《いんば》沼にも近く、乱開発からも守られるだろうと考え、「自然と都市機能の調和した21世紀の新環境都市」というコンセプトを作った。土地買収は、買収に難色を示す農家を説得して4年かかった。

ユーカリが丘は計画245ha、8400戸、人口3万人でスタートし、現在は約7500世帯、約1万8450人ほどのまちに成長している。

まずは、ユーカリが丘からテニスのラケット状に、山万ユーカリが丘線という新交通システムを整備した。導入したのは電気を動力にゴムのタイヤで専用の軌道を走るという、当時開発されたばかりの新交通システムで（新交通ゆりかもめと同じシステム）、純粋な民間企業経営の鉄道としては戦後初の認可を受けた。まだ誰も住んでいない段階での鉄道の敷設

図表 3-3 ユーカリが丘全体図

あらゆる世代にとって住みよく、どんな時代をも超えて続いていく街。
そんな開発理念に則って築き上げられた街「ユーカリが丘」。

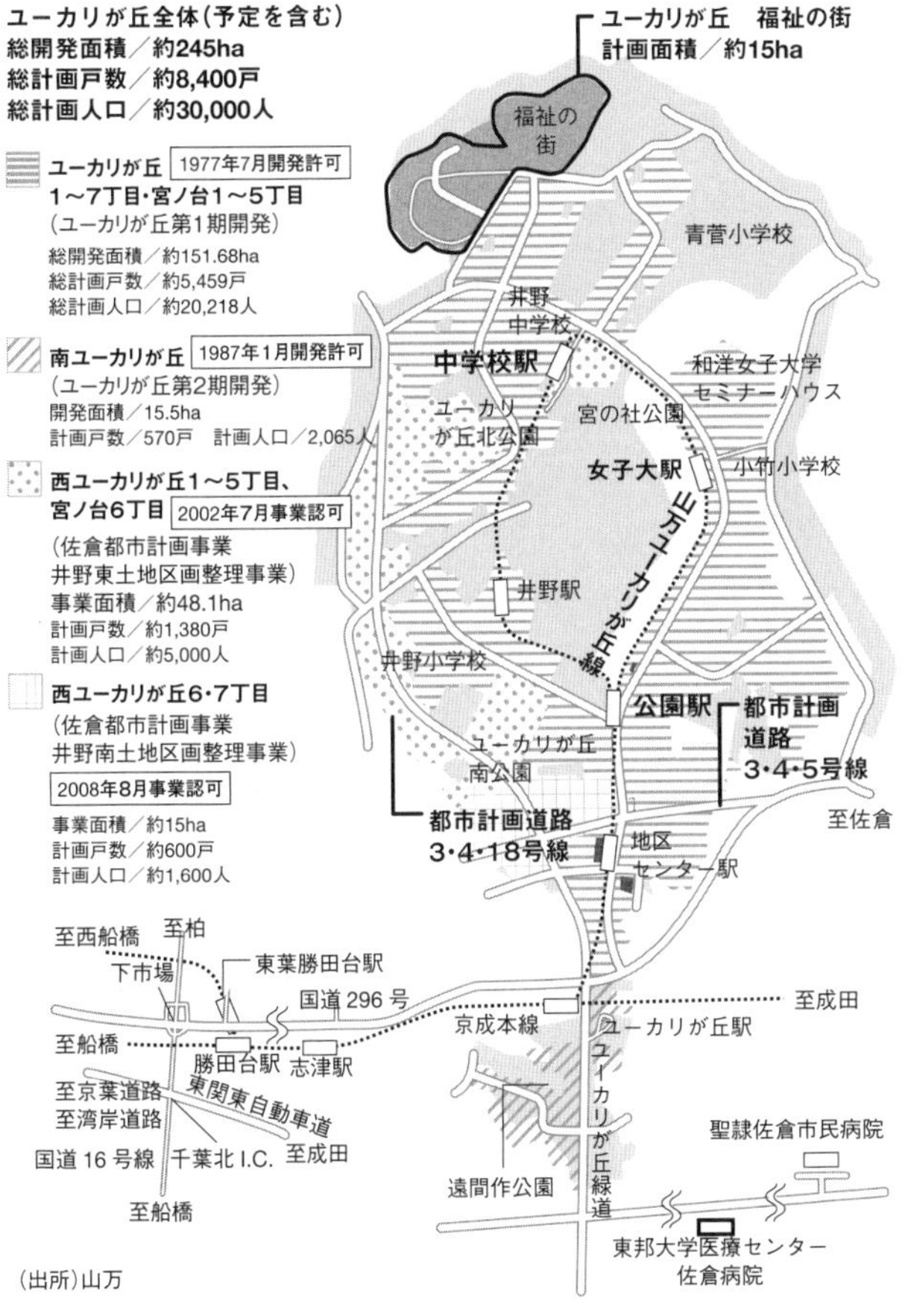

(出所)山万

は、長期的展望の下で成長管理していくための先行投資と位置づけられた。

ユーカリが丘線は6駅を14分ほどで結んでおり、その外側を順番に開発していった。ユーカリが丘駅周辺に超高層マンションや商業施設を集積させ、そのほかの駅周辺には中高層マンションや利便施設を配置した。そして、すべての駅から徒歩10分の範囲で住宅地を平面開発した。住宅地には高い建物や大きな商業施設は作らず、緑豊かな閑静な住宅地を形成した。南ユーカリが丘の戸建て住宅では良好な景観を形成するため、年間2万円(角地は3万円)の費用を徴収して庭木の剪定《せんてい》や消毒などの管理を街全体で一括して行っている。ユーカリが丘線の内側は、田んぼと緑地が残されており、良好なビオトープともなっている。

第1期開発の開発許可は1977年、第2期は1987年、その後2002年、2008年に土地区画整理事業の許可を得て4回に分けて開発が行われた。ニュータウンの場合、一度に分譲すると、一定の期間が経つと住民の高齢化や建物の老朽化が一斉に進み急速にまちが衰退していくが、それを避けるため、年間200戸の定量分譲とすることとした（タワーマンション分譲の場合は280戸近くの場合もあった）。1979年から分譲を開始し、1980年に第1期の入居が始まった。バブルの前後でも、定量分譲のペースは守った。

一方、都市機能としてはショッピングセンター、ホテル、映画館、カルチャーセンター、スポーツクラブ、病院、温浴施設などあらゆる施設を揃えた。都市機能を充実させたのは、そうでなければ若い人が戻ってこなくなり、いつかまちが廃れてしまうとの認識があったからだ。

このように、ユーカリが丘では分譲撤退型ではなく、長期的にまちを成長させ、また新陳代謝を図っていく「成長管理型」の開発コンセプトに基づいて、今日まで着実にまちを発展させてきた。この背景には、湘南ハイランドで新陳代謝を起こすことができなかったという反省があった。

こうした長期的な視野に立つ経営を支えているのは、あえて上場していないという点にある。赤字の事業でもやらざるを得ない場合が出てくるが、上場していると短期的な利益が重視され、行いにくくなる弊害がある。

また、分譲撤退型ではなく成長管理をしていくということは、社員もそこに根差していくということで、社員の多くがユーカリが丘に住んでいる。社宅、独身寮もユーカリが丘にある。そこに住んでいる以上、自治会やPTA、NPOなどの地域団体に入り、市民として活動も行っていることになる。また、住民になりきらないと、本当の意味での情報やニーズを把握することは難しいという。

さらにグループ会社を作り、地元の雇用も創出してきた。例えば、ユーカリが丘駅前にあるウィシュトンホテル・ユーカリや、社会福祉法人の設立である。

②循環型の仕組みの構築

1990年代からは少子高齢化を見据えた様々な仕掛けを構想し、子育て支援として認可保育所、認可外保育所、学童保育所などを作った。高齢者施設としては1998年に特別養護老人ホームを誘致、2004年には独自に社会福祉法人を設立し、2005年に介護老人保健施設を開設、2007年に認知症グループホームの真ん中部分に学童保育を配置する幼老一体型の施設を作った。有料老人ホームも運営し、「ゆりかごから墓場まで」対応する態勢が整いつつある。ユーカリが丘でも、団塊世代が75歳を迎える頃には、後期高齢者数は2000人ほどに達すると予測されている。

住民の循環、新陳代謝を積極的に促すための仕掛けとしては、2005年に「ハッピーサークルシステム」という仕組みを設けた（図表3-4）。

これは、ユーカリが丘の中で住み替えてもらうシステムで、例えば高齢者が戸建てからマンションや高齢者向け施設に移る際、査定額の100%で買い取り、買い取った物件はリフォームして新築価格のおおむね7割で再販売するというものである。最近では、年間200戸の販売のうち、1割近くはハッピーサークルシステムを使ってユーカリが丘で転居するという傾向になっている。タワーマンションを開発した際には、エリア内からの戸建て住宅からの転居が増え、この割合が2割を超えた。

ユーカリが丘の新築には手は届かないが、中古のリノベーション物件を購入して若い世代が入ってくるというサイクルも出てきた。今後、10~20年のうちに従来計画してきた開発がいったん終えるのをにらみ、リフォームや買い取りなどのストックビジネスに軸足を移していく考えである。

住民のニーズを把握する仕組みとしては、世帯アンケートを3年に1回行っているほか、2008年にはエリアマネジメントグループを設け、1軒1軒訪問し、住民の声を直接聞いている。人間関係の構築が、後々のリフォームや物件活用などのビジネスにもつながっていくとの考えである。

このようにユーカリが丘では、まちの成長管理を行い、住民の新陳代謝や建物の再利用を進めていくことでまちを持続させ、事業も永続させていくという理念を実践している。

その結果、過去5年間（2011〜15年）で子ども（小学生以下）の人口は47％、610人も増え、高齢化率は全国平均よりも常に2〜4ポイント前後低い状態を保ち、住宅地として高い評価を受けている。2018年からは病院経営も開始されているため、「地域包括ケア」に向けた本格的なCCRC（Continuing Care Retirement Community）を目指している。

エリアマネジメントの海外における先進事例としては、アメリカの管理組合方式のHO

図表3-4 ハッピーサークルシステム

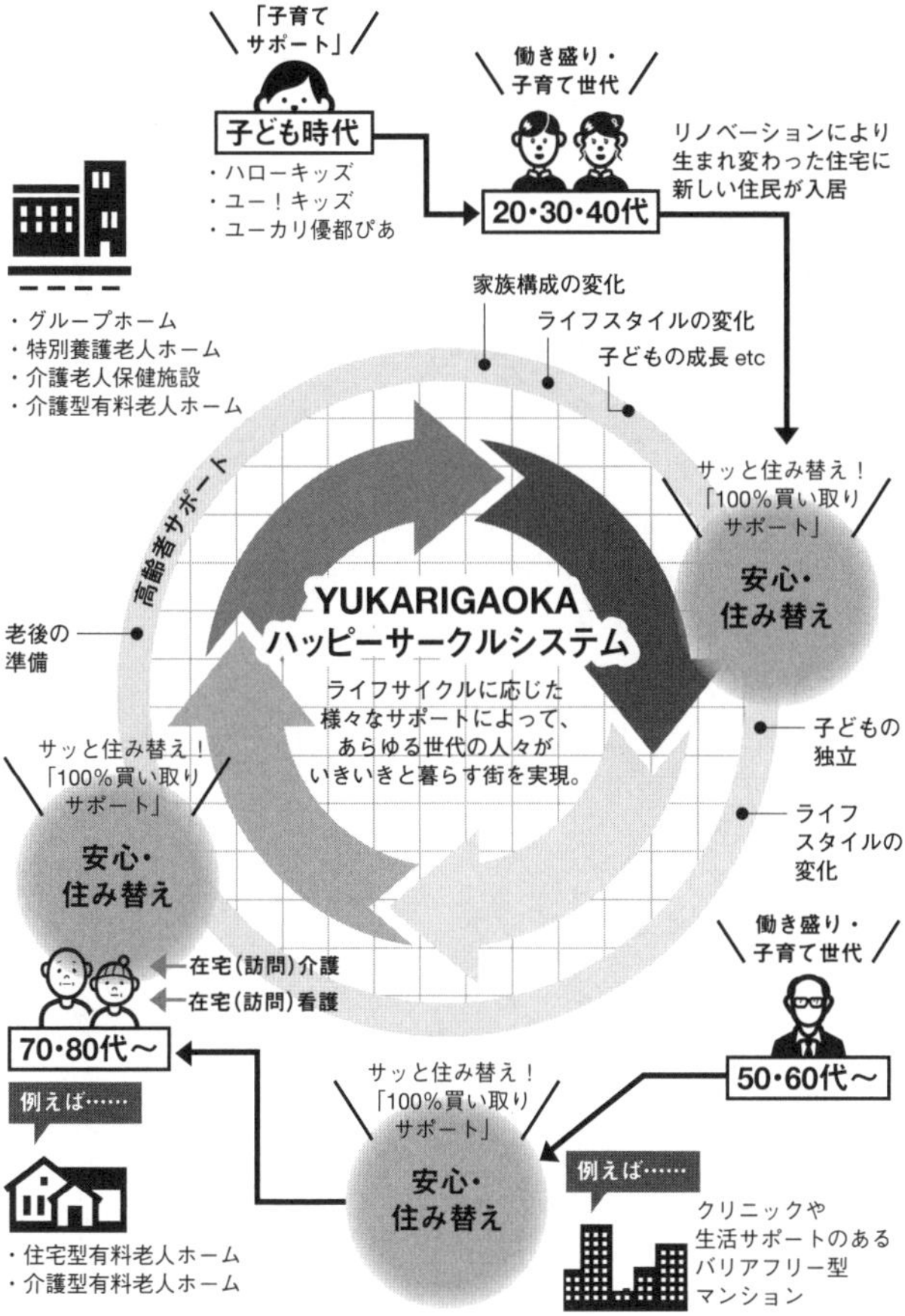

（出所）山万

A（Home owners Association）、イギリスのレッチワースの専門会社型などが知られているが、前者は住民の合意形成が難しく、後者は住民の主体性が育ちにくいという弊害が指摘されている。これに対しユーカリが丘では、その折衷型を志向し、業者と住民が協働で進めていくまちづくりを目指している。社員の多数がまちに住み、業者としての立場から、また住民としての立場からエリアマネジメントを支えているのはユニークである。

東京急行電鉄株式会社（東京都渋谷区）

3番目の事例として、当初エリアマネジメントの仕組みはなかったが、将来の衰退の可能性を視野に入れ、エリアマネジメントの発想を開発に取り入れ始めた事業者の例を取り上げる。

東急沿線は、現在も若年ファミリー層の流入が続いている人気の住宅地である。しかし、団塊世代などが後期高齢期に突入するのに伴い高齢化が進展し、東急線の通る沿線17市区の人口は2035年をピークとして減少に転じると予想されている。

このままでは空き家が急速に増加することが予想されるが、いったん空き家になると建物の活用可能性という点でも、権利関係の調整や整理といった面でも再生を図ることが難しくなる。そこで、空き家になる前の未然の対応策として、地元で主に戸建ての持ち家を持つシニア層にターゲットを絞った駅近のマンションを開発して転居を促す一方、空いた戸建てに新たな住民を呼び込むという循環を意図的に呼び起こす試みを行った（図表3－5）。

2012年に分譲を開始した「ドレッセたまプラーザテラス」（横浜市青葉区、総戸数92戸）がそれで、たまプラーザ駅につながり、クリニックやデイサービスなどの施設も入った大型商業施設である「たまプラーザテラスリンクプラザ」にも隣接している。通常の分譲マンションではなく、期間52年の定期借地権付きマンションを社有地に建設した。期間満了時にマンションは解体され土地は東京急行電鉄（以下、東急電鉄）に返還されるため、東急電鉄はその後、新たな開発に使うことができる。購入者にとっては土地が所有権でない分、安く購入することができる（ただし、地代の支払いや将来の解体に充てる積立金が必要）。

図表 3-5 | 東急電鉄の循環の仕組み

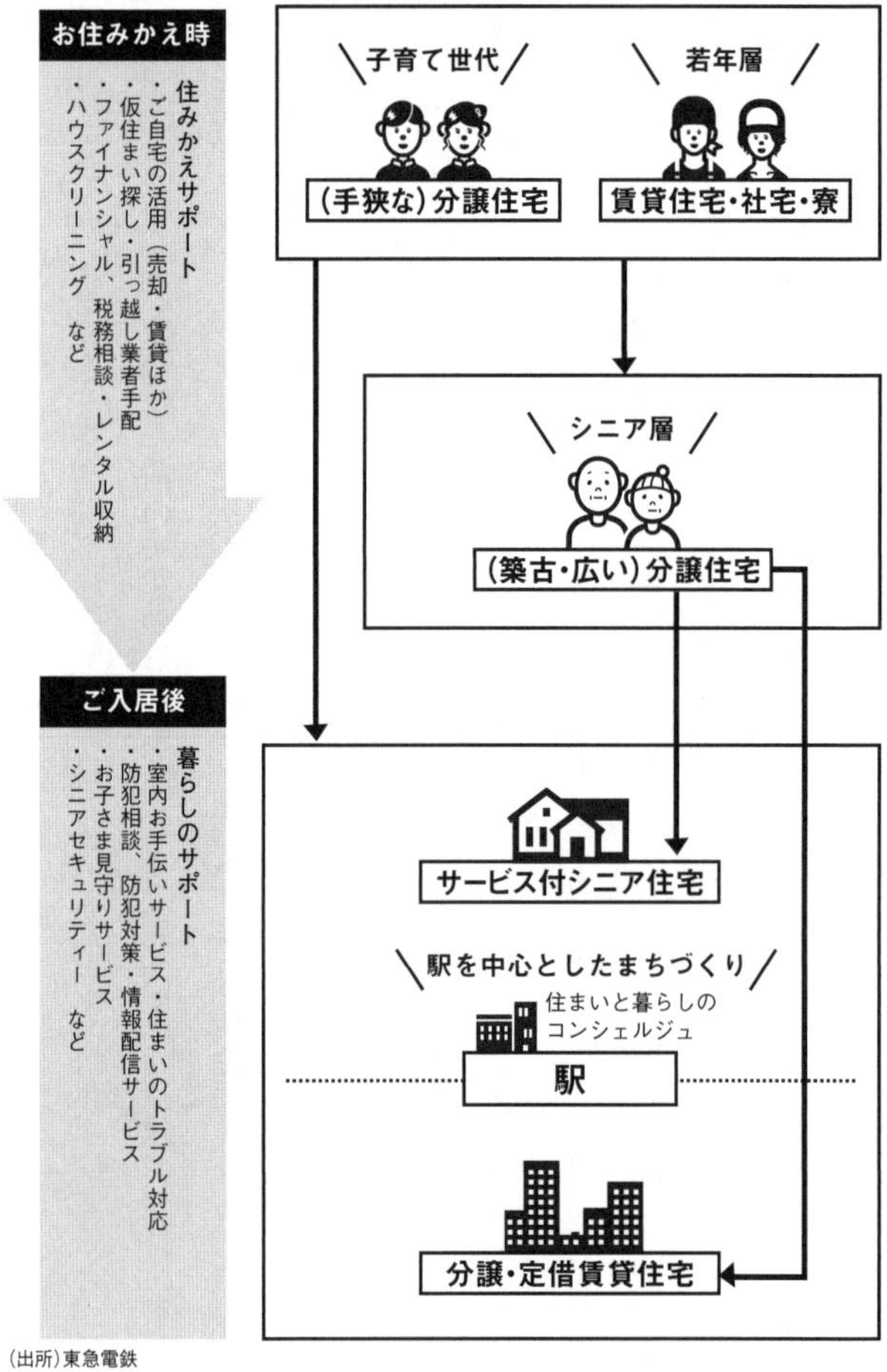

（出所）東急電鉄

シニア層がターゲットであれば、52年の期間で十分であり、期間満了後の住まいを心配する必要はない。

2回に分けて販売されたが、いずれも即日完売の人気であり、1回目の会員向け販売のデータによれば、購入者の平均年齢は57・5歳で60歳以上が51％、持ち家率は83％、平均家族数は2・3人。居住地は横浜市青葉区58％、川崎市18％、青葉区以外の横浜市8％であった。狙い通り、地元のシニア層が主たる購入者となった。

東急電鉄の通常の分譲マンションの購入者は30～40歳代、持ち家率は高くても数十％であり、その違いが際立っている。購入者の従前の持ち家については、住み替えの前後での売却、リフォームして賃貸化、子どもへの引き継ぎなどの動きがあったという。ただし、購入者の過半数は従前の持ち家を持ち続ける意向で、絵に描いたように循環がうまく進んだわけではなかった。

東急電鉄がこうした循環を通じたストックビジネスに取り組み始めた背景には、たまプラーザ駅のある東急田園都市線の建設が始まったのが1963年で、それから半世紀が経過して新たな戸建てを分譲できる余地がほとんどなくなったという事情もある。東急電鉄は「住まいと暮らしのコンシェルジュ」という相談窓口を設け、沿線での住みかえの支援も行っている。東急グループのみならず、介護事業者などとも提携し、暮らしに関するシニア層の相談に応じている（住まいと暮らしのコンシェルジュは、「2016年度東京都相続空家等の利活用円滑化モデル事業」ならびに「2018年度東京都空き家利活用等普及啓発・相談事業」に選定）。

東急電鉄は2012年4月に横浜市と「次世代郊外まちづくり」の協定を結び（2017年4月に協定更新）、郊外の持ち家を持つシニア層が、生活に便利な駅近のマンションに住み替え、空いた持ち家を活用し、若年層の流入を促進することで、郊外住宅地の衰退を防ぐ取り組みを推進している。老朽化した住宅の再生において地域の拠点となる利便施設を整備する際、単なる住宅機能だけではなく、保育や子育て支援、交通・移動、教育、就労といったさまざまなまちの機能を結合させていく意向である。

東急電鉄の取り組みは、まだ本格的なエリアマネジメントには至っていないが、将来的にはそのような形に発展していく可能性を持つ萌芽と言える。住民の新陳代謝、循環を作り出そうとしている点は、ユーカリが丘と共通の要素を持っている。

ユーカリが丘は、開発当初からそれを明確に意識した。これに対し東急電鉄の場合は、近い将来、沿線の人口が減少し、また新たな土地開発の余地がなくなる中で、既存ストックを循環させていく取り組みが沿線の人口を維持して活力を保ち、東急電鉄の事業を継続していくためにも必要だという考えに至ったからこそ、こうした取り組みを行った。

相模鉄道株式会社（神奈川県横浜市）

同様の取り組みは、ほかの鉄道会社でも現れている。

相模鉄道株式会社（以下、相鉄）は輸送人員が1995年の2・5億人をピークとして1割減少しており、危機感が強い。利用者の多くが都内への通勤者であるが、これまでJR東海道線や東急東横線に乗り換える不便を強いられ、不利な状況に置かれていた。しかし今後は、2019年度下期には相鉄・JR直通線、2022年度下期には相鉄・東急直通線が開業する予定で、都心に直通となる。沿線の住宅地としての魅力を高め、人口を呼び込む格好のチャンスだ。

一方相鉄では、沿線を中心に1950年に開発が本格化したエリアが広がっており、高齢化と空き家増加対策が急務となっている。

そこで、2016年3月から「空き家バンク&リース」の取り組みを開始した。戸建ての持ち家は手放したくないが、駅から遠いなどの理由で暮らしにくくなって住み替えを考えているシニア層などを対象に、空き家を借り受けて戸建て賃貸住宅（原則として7年の定期借家契約）として貸し出すサービスである。賃貸化する場合、リフォームが必要になるが、このサービスではリフォーム費用を前払いされる賃料によって賄うことができる。このため空き家所有者は、手持ち資金なしで賃貸を始めることができる。リフォームは、若年層や子育て層のニーズに合った形で行い、新たな沿線住民の呼び込みを狙う。

相鉄では、「選ばれる沿線の創造」に向け、世代間の住み替えを促進する「〝ターンテーブル・モデル〟による街づくり」のコンセプトを掲げている。エリアマネジメントとまでは言えないが、将来的にその萌芽となり得る取り組みと言える。

株式会社ＭＹＲＯＯＭ（長野県長野市善光寺門前）

４番目の事例として、すでに衰退したエリアにおいて、エリアの再生を図ろうとする動きが民間から立ち上がった例を紹介する。

善光寺門前は、歴史ある木造建築や土蔵が多く残る。しかし、郊外化の進展とともに衰退し、門前町の人口は１９８９年のピーク時から３割減少し、空洞化が深刻な問題となっていた。そうした中でも空き家、空き店舗を活用する動きは、散発的には現れていた。それが組織化されるきっかけになったのは、２００９年に門前町のクリエーター団体である「ナノグラフィカ」が、地元公民館が実施する「善光寺門前町再発見事業」に採択されたのがきっかけだった（２００９・２０１０年度「長野県ふるさと再生雇用特別基金事業」）。

ナノグラフィカはクリエーター集団であるため、空き家の紹介などソフト面の支援を行うにとどまっていたが、宅地建物取引士の倉石智典氏（ＭＹＲＯＯＭ代表）がこのプロジェクト（「長野・門前暮らしのすすめ」プロジェクト）に参画したことで、改修支援なども行うことができるようになり、空き家、空き店舗の再生が増えていった。橋渡し役、すなわちエリアマネジメントの主体が登場したことで、古い建物に魅力を感じ、活用したいと考えていた層の需要を掘り起こすことができた。

ＭＹＲＯＯＭは、善光寺から徒歩15分ほどまでのエリアで事業展開している。長野県出身の倉石氏が、東京での都市計画事務所や大手不動産会社での勤務を経て実家の工務店に戻った後、リノベーションの仕事を手がけたいと２０１０年に立ち上げた。

空き家、空き店舗は、自転車でまちを巡りながら見つけることが多く、見つかったら謄本を取り寄せ所有者を訪ねる。10件の謄本を取り寄せたうち1件の情報がわかればよく、10件の所有者を訪ねて話に乗ってくれる人は１～２人だという。１～２％の確率だが、物件探索の作業に時間をかけ、所有者との関係性の構築を重視している。所有者は、事業や見学会を通じて知り合った地域の住民から紹介してもらうことも多い。

ＭＹＲＯＯＭは不動産業、建設業、設計業をすべて自社でできる体制をとっている。物件探しの後は仕入れ、商品化、仲介、設計、施工、管理までの業務をこなす。単に空き家・空き店舗を埋めればいいという考えではなく、この物件にはこういう人に入居してもらいたいとの思いで目利きをしているという。

MYROOMで仲介する物件は、改修費（300～700万円程度）を借主負担としている。MYROOMと借主が一緒に事業プランを練り、借主と建物の使い方を含め所有者に紹介するので、所有者は改修費の負担なく、借主のことも知った上で貸せるメリットがある。借主に初期投資してもらう仕組みは、よりポジティブな借主を選ぶことができる効果も持つ。また借主には、解体時の片づけ、内装仕上げや照明器具、家具選びなどに参加してもらうことで、建物への愛着を持ってもらえる。

MYROOMの売り上げの7割は建設工事費で、これに仲介、設計、施工、管理などの報酬が加わる。仕事のほとんどは一人で行ってきたが、倉石氏では手に負えない大きな物件は、外部建築家に設計を依頼している。

また、2013年には新たにCAMP不動産というプロジェクトを立ち上げ、再生事案ごとに関わりたい建築家、不動産業者、デザイナーを募り、事業が終わったら解散する仕組みも構築した。案件ごとに集まって収益を分配する仕組みであり、メンバーは固定していない。

毎月開催している空き家見学会が、最大のプロモーションである。開業5年で80件ほどの物件を手がけており、入居者の多くはアーティストやデザイナー、カフェなどの経営者で、オフィス、店舗としての利用が多い。単に物件を仕入れ、リノベーションして終わりではなく、成功事例を見て次に開業したい人が増えるという循環を促すことを意図しており、MYROOMはエリアの再生をマネジメントする役割を果たしている。

以上のようにMYROOMは、商店街で潜在力のある物件を発掘し、起業したいという人を呼び寄せた。最初は一人でスタートしたものの、近年は専門家を組織化する仕組みも構築し、物件再生、地域活性化に貢献している。完全に事業として行っており、行政の支援は受けていない。

NPO法人尾道空き家再生プロジェクト（広島県尾道市旧市街）

5番目の事例は、すでに衰退したエリアにおいて、エリアの再生を図ろうとする動きが民間から立ち上がり、それが行政を巻き込んでいる例である。

尾道市の旧市街は斜面に木造住宅がひしめき合うように立ち並び、古い洋館も多く残されている。しかし近年は300軒超の空き家が発生し、空洞化が深刻な問題になっていた。

尾道空き家再生プロジェクトは、尾道市出身の豊田雅子氏が大阪での旅行会社の勤務を経て故郷に戻り、2007年に立ち上げた。仕事で訪れたヨーロッパでは古い建物が現代の生活と調和しているのに対し、故郷で空き家が増える状況に心を痛め、自分で空き家を探して再生するところから始めた。

尾道に移住したい人は、20~30代の若者で手に職を持つアートやものづくり系の人が多く、リノベーションもDIYでやりたい意向を持っている。そのため、単なるマッチングだけではなく、様々な取り組みを行っている。所有者からは、現状渡しで格安ないし無償、あるいは工事中は家賃免除などの条件で貸してもらう。入居者へのサポートとしては、会員やボランティアによる残された家財道具の搬出、改修資材の搬入、DIYの作業補助、道具や軽トラックの貸し出し、専門的な作業が必要になった場合の職人の紹介などを行っている。

これによりリノベーション費用は、業者に丸投げするより数段安く上がる。また、再生中の現場では、随時ワークショップ形式のイベントを行っており、参加費1500〜2000円程度で職人の手ほどきを受け、一般の人が作業を体験できる。

空き家を購入したり、借り上げて改修してサブリースした物件は8年間で20件にのぼる。2009年からは、市から空き家バンク事業を受託し、物件情報や窓口対応を改善するなどして、80件のマッチングにつなげた。それまでの市による運営では、空き家バンクは開店休業状態だった。

尾道空き家再生プロジェクトでの従来の取り組みは、サブリースで改修費をカバーできるくらいの家賃収入を得るものであった。しかし近年は、商店街の町家のゲストハウス「あなごのねどこ」としての再生（2012年、3-6）、別荘建築で旧旅館のゲストハウス「みはらし亭」としての再生（2016年）と、大型空き家の収益物件としての再生も手がけている。あなごのねどこでは500万円の借入金、みはらし亭では500万円の借入金

3-6 再生物件の事例：あなごのねどこ

のほか、市の補助金600万円、クラウドファンディングで500万円調達した。次は、50畳の大広間を持つ旧旅館の再生を計画している。これら収益物件の再生は、雇用創出も狙ったものである。

尾道空き家再生プロジェクトの会員は現在、若者、学生、主婦、経営者、大学教授、建築士、デザイナー、職人など200人を超える。活動は会費のほか、サブリース物件の家賃収入、空き家バンク受託費、イベント参加費、各種助成金などで賄っていたが、20

12年にゲストハウスを始めてからは、収入が安定し自立した団体として活動できるようになった。

以上のように、尾道空き家再生プロジェクトは個人の思いから出発し、様々な専門家を巻き込み、再生を自ら手がけ、あるいは空き家バンクでマッチングを行い、近年はゲストハウスの開設で資金的にも安定してきたという事例である。尾道は、観光地であり文学や映画の舞台としても有名で、もともと人を引き寄せる力があるところにNPOが活動を立ち上げて成功させることができた。善光寺門前の事例と同様、橋渡し役、すなわちエリアマネジメントの主体が登場したことで古い建物に魅力を感じ、活用したいと考えていた層の需要を掘り起こすことができたが、善光寺門前のように民間の独立した事業として成り立つまでの地域ではなかった。

NPO法人つるおかランド・バンク（山形県鶴岡市中心市街地）

最後の事例は、すでに衰退したエリアにおいて官民連携で空き家の整理、跡地の有効活用につなげる仕組みを立ち上げ、民間がそれを実行し、エリアの再生につなげている例である。

鶴岡市は人口13万人弱の都市であるが、2040年には10万人を割り込むと予想されている。すでに空き家は増加しており、2016年の調査では2805棟の空き家があることが確認された。鶴岡市は城下町で、敷地が狭く道も狭く入り組んでおり、権利関係も複雑で再開発を行いにくいという事情がある。空き家を活用しようにも、売りに出しても低廉価格のため民間の力を活用できず、売れにくく、接道要件を満たしていないなどの理由で跡地の活用も困難な場合が少なくない。

そこで市は、2011年に不動産事業者や町内会などとともにランド・バンク研究会を作り、市内の神明町《しんめいちょう》をモデル地区とし、危険家屋の解体も試みた。その結果、同一建物で所有者が複数いるケースで民間のノウハウを活かして権利関係の調整などを行い、更地にすることができた。

これを基礎として、2013年にNPO法人つるおかランド・バンクを立ち上げた。市のほか、民間都市開発推進機構、不動産団体などからの拠出を受け、3000万円のファンドを組成した。NPOは約10団体で構成されている。

空き家を両隣接の家に低廉売却し、建物を解体。解体後、前面の狭隘道路も拡幅し（解体費と道路築造費を売買代金から捻出）、その後に隣接者が建物を建て替えするときに、広がった土地に道路拡幅もして地区の交通の利便性も確保し、周辺の価値も上げ、一体の住環境整備を図るといったスキームで、空き家の解体と敷地の有効利用を進めている（小規模連鎖型区画再編事業、図表3－7）。中心市街地と日本海沿岸の密集地が対象である。

コーディネートを行う仲介業者は仲介手数料などの対価が得られるが、不動産価値が低いため、調整に要する労力に見合う水準には満たない。そこで業者を支援するため、ファンドから補助金が支給される仕組みになっている（上限30万円、補助率5分の4）。

また、このスキームは密集市街地での区画整理には通常、多くの費用を要するのに対し、少ない費用で現在の道路の形状を活かしながら住環境を整備できるというメリットもある。

図表 3-7 ｜ つるおかランド・バンク事業の枠組み

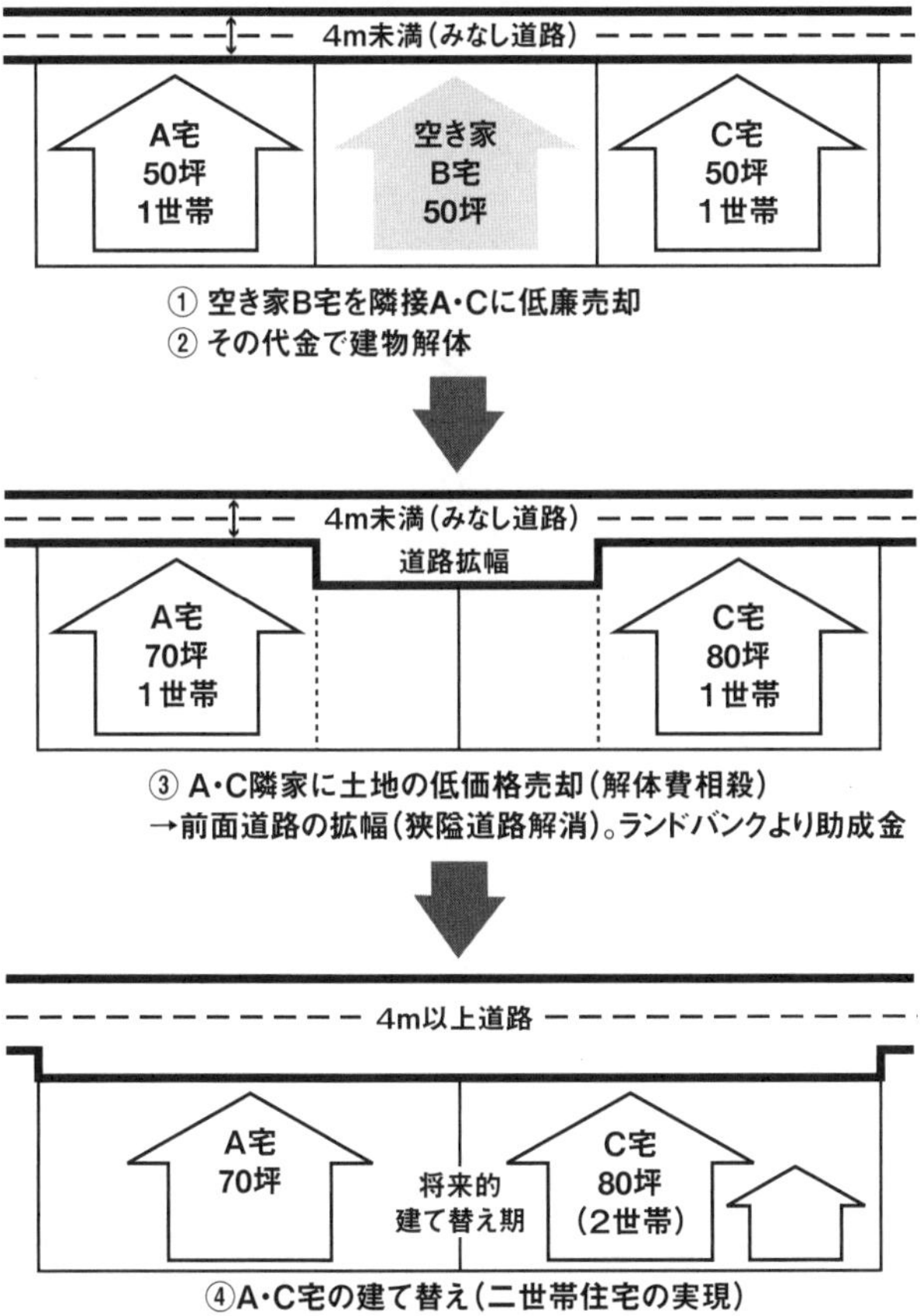
→前面道路の拡幅（狭隘道路解消）

（注）面積は道路寄付部分も含む。
（出所）榎本政規「鶴岡市のまちづくりビジョン」
国土交通省「都市再構築戦略検討委員会」第3回（2013年5月15日）提出資料

このように鶴岡市では、官民が連携する形で空き家、空き地を解消する形で密集市街地の区画の再編・再生を各所で行い、それを連携・連鎖させていき、地区から地域へと地道にまちの再生を行う活動が行われている。空き家が増えるなどすでに衰退が進んでいるエリアにおいては民間だけで再生を進めていくことは難しいが、官民連携で推進スキームを作り、資金面の支援も行えば、民間ノウハウを活用することでエリアマネジメントを進められる可能性が高まることを示している。

現在、人口減少による各地で都市の「スポンジ化」が進行している。スポンジ化とは、都市の内部において小さな穴が開くように空き家や空き地が点在するようになる現象である。こうした現象の進展への有効な対策を講じるため、国土交通省は社会資本整備審議会内に「都市計画基本問題小委員会」を立ち上げ、2017年8月に中間とりまとめを発表した。鶴岡市のランド・バンクの仕組みは対処方法の一つとして、第1回の委員会で報告された。スポンジ化への具体的対応策として今後、注目度がより一層高まっていくと考えられる。

エリアマネジメントのパターンと有効性

エリアマネジメントを開発当初から導入したケースとして、シーサイドももちとユーカリが丘の二つを取り上げたが、ともに良質な住宅地として成長した。適切な維持管理、成長管理を行うことが住宅地としての価値を維持することにつながるため、住民や業者にとってエリアマネジメントは、コストがかかっても十分採算の合う活動となっている。人口減少下でも持続可能なエリアを形成するためには、当初からエリアマネジメント活動を行うことが望ましい。

衰退を未然に防ぐため、エリアマネジメントの考え方を取り入れた例として、東急電鉄の例を取り上げた。衰退を防ぐことができるとすれば、これは業者にとって採算に合う活動となる。私鉄の活動はまだ始まったばかりだが、これらは将来的にはユーカリが丘タイプのまちの成長管理に発展していく萌芽とも捉えられる。ただし、エリアマネジメントを当初は導入しておらず、中途段階で導入して衰退を防ぐことは、そもそもエリアとしての魅力や潜在力を備えた場所でなければ難しい。

すでに衰退してしまった場合で、民間の活動が行政をも巻き込むエリアマネジメント活動に発展している例として、善光寺門前と尾道を取り上げた。前者は民間事業として採算の合う活動であり、後者は民間事業として採算を取ることは難しいが、補助金やクラウドファンディングの助けがあれば継続可能な活動になっている。ただしいずれにしても、一度、衰退したエリアの再生を図るためには、エリアの潜在力を引き出すアイディアや人材を発掘することが必要になる。二つのケースは、再生のキーマンがいずれも地元出身で、エリアの再生に貢献したいという思いが強かった。

すでに衰退してしまったケースで、行政が主体となってエリアの再生を促す仕掛けを作ったのが鶴岡で、行政が資金面で支え、民間の助けを得ることで土地利用の再編を行っている。民間の採算が合わない場合にエリアマネジメントを行うためには、当然のことながら、行政による支援が不可欠になる。

6つのケースは、民間の採算が合うか合わないかでも分類することができ、最初の4つは採算が合い、後の2つは採算に合わず、何らかの公費投入が必要になっている（図表3－8）。公費投入してもエリアマネジメントによって再生して残す価値のあるエリアであれば公費投入は正当化されるが、そうではない場合にはエリアとしては消滅していかざるを得ない。鶴岡市の中心市街地は、土地利用を再編しつつ残していくべきエリアと考えられた。

人口減少下で将来的に生き残るエリアの選抜が行われつつあるのが現在の状況であり、生き残るエリアについては民間や行政、NPOなど何らかの主体によるエリアマネジメント活動が出現しつつあるというのがまた、現在の状況と捉えられる。

自治体によっては、すでにすべてのエリアを存続させることが難しくなっているため、まちの縮減、すなわちコンパクトシティ化によって生き残りを図ろうとするケースも多数出ている。そうしたケースでは、今後とも残すエリアにおいて再開発する場合にエリアマネジメントを当初から導入するか、あるいは残すエリアのそれ以上の衰退を食い止めるた

図表3-8 エリアマネジメントの類型

名称	契機	主体	成果	採算性	地域特性
福岡市百道浜四丁目戸建地区町内会	開発当初から	住民	美しい街並みの創出、維持による住宅地としての価値向上	○ エリア価値維持	郊外型高級住宅地
山万株式会社	開発当初から	事業会社	空き家を発生させず、住民を循環させる事業としてのまちづくり	○ エリア価値維持	郊外型住宅地
東京急行電鉄株式会社	衰退予防	事業会社	空き家を発生させず、住民を循環させる事業としてのまちづくり	○ エリア価値維持	高級住宅地
株式会社MYROOM	衰退後の再生	事業会社	空き店舗、空き家の事業としての再生	○	中心市街
NPO法人尾道空き家再生プロジェクト	衰退後の再生	NPO、行政	官民連携による空き家、空き店舗の再生	× 要補助金	中心市街地
NPO法人つるおかランド・バンク	衰退後の再生	NPO、行政	官民連携による空き地所有権の移転、再利用コーディネート	× 要補助金	中心市街地

めのエリアマネジメントを求められることになる。

人口が増加する時代においては、放っておいても住宅や土地の次の利用者が現れる可能性が高いため、エリアマネジメントの必要性は乏しかった。しかし人口減少時代においては、エリアマネジメントの巧拙がエリアの持続性を大きく左右することになる。今後、新たに開発される場合には当初からエリアマネジメントを導入することが望ましいが、途中段階でも導入されることになれば、エリアの存続可能性が高まる。

民間事業として成り立つためのハードルは高いが、少しでも公費投入して成り立つ余地があるのであれば、公費投入する価値はある。あるいは行政が是非残したいと考えるエリアについては、行政が主体となり民間の協力を得る形で、エリアマネジメントを導入することも考えられる。

エリアマネジメントは、民間から自律的に立ち上がってくる活動であるに越したことはないが、官民で連携して仕掛けていくことが今後の地域の再生に重要な要素の一つになると考えられる。

空き家対策を進化させる必要性

人口減少下でエリアを存続させていくためには、本来エリアマネジメントは当初から導入していることが望ましい。その場合、シーサイドももちやユーカリが丘のように空き家が発生しないまちとなる。中途段階でもそのエリアのポテンシャルが高ければ、東急沿線や長野市善光寺門前、尾道市旧市街のように、民間がエリアマネジメントに乗り出すことで、空き家活用とエリアの再生が進む可能性がある。条件が悪く民間が乗り出しにくい場合は、鶴岡市中心市街地のように行政が資金的に支援すれば民間の力を引き出すことで空き家、空き地の解消につながる場合もある。

まちを必要以上に広げないことで、そのエリア内で長く使える住宅を建て、そのエリアに住む場合には普通、中古住宅を購入する形に変えることが対症療法ではない、根本的な空き家対策となる。これは、日本の住宅市場を欧米先進国型の住宅市場に変えていくということにほかならない。そのための手段として、コンパクトシティ政策とエリアマネジメントの組み合わせによって、空き家対策を面としての対応に進化させていくことが今後の重要な課題となる。

第4章

より根本的な対策②

――所有権の放棄ルール

section 1

解体費用事前徴収の仕組み

解体費用の固定資産税による事前徴収案

空き家の解体費用は、本来は所有者が負担すべきである。しかし現状では、第2章で述べたように解体費補助や、費用回収の見込みにくい代執行も実施せざるを得ないという形で公費投入されている。これは所有者が負担すべきものを、納税者全体で負担していることになり公平性を欠く。

この打開策としては、必ず所有者が負担することになるよう、毎年の固定資産税に解体費に充てる分を少しずつ上乗せして徴収していく仕組みが考えられる。固定資産税が徴収されている限り、相続放棄されたり所有者が不明になったりしたとしても、解体費用の心配はなくなる。必要になったときに、引き出せる仕組みにすればよい。

この仕組みは今後、深刻化していく賃貸マンション・アパートや分譲マンションの空き家問題でも有効である。賃貸住宅は相続対策で建設されるケースが多く、供給過剰となっており、空室率は全国で23%（2013年）に達する。老朽化し管理放棄された物件で代執行した例があるが（大分県別府《べっぷ》市、前掲図表2-2）、代執行費用は戸建ての倍以上かかった。分譲マンションにおけるこの仕組みの必要性については、所有者不明物件への対応も含め、この章の最後で詳しく述べる。

解体費用を事前徴収する考え方は突飛なようにも見えるが、自動車では購入時にリサイクル費用が徴収される形ですでに実現されている。人口減少で引き継ぎ手が現れず、危険な物件が放置される可能性が今後ますます高まることを見据え、導入を検討すべきである。

徴収の仕組みとしては、ここでは一例として固定資産税の上乗せを提案したが、購入・建設時に徴収する機関を新たに作ることや、供託の仕組みを活用して資金をプールしておく仕組みなど、ほかにも様々な形が考えられる。

いずれの方式にしろ、その意味するところは将来的に必要な解体費用を負担できない人は、住宅を購入・建築してはいけないということである。想定される徴収金額は、木造戸建ての現在の解体費用は150～200万円程度であるため同程度でよいが、必要金額は規模や構造によって変わってくる。

section 2

利用権設定の仕組み

次の利用を阻害する所有権

所有者がわからない土地について、土地に残された建物を解体したり次の利用に供したりするためには、第2章で述べたが、不在者財産管理制度や相続財産管理制度などを活用する必要がある。しかし、こうした措置をとるには手間とコストがかかるため、容易には行えない。

日本の場合、土地所有概念は「絶対的所有権」で、土地の利用、処分のいずれについても所有者個人の自由とされる。所有権の強さが、所有者が管理の意思を失った場合や所有者がわからなくなった場合でも、容易に手を出せない状況を生み、問題解決を困難にしている。

ここでは、このような状況になった歴史的背景を踏まえた上、利用を優先させるための仕組みについて検討していこう。

そもそも日本において私的所有権が認められたのは、明治の地租改正時（1873年〈明治6〉）であった。所有権が確立された地租改正は、そのほかにも様々な意味で、日本の土地問題の原点と考えることができる。以下では、地租改正の概要とそれがもたらした効果を簡単に振り返っておこう。

地租改正の概要と効果

①地租改正の背景

地租改正は、二つの側面を持っていた。一つは文字通り税制改革としての側面である。明治政府はこれによって税収を確保し、財政基盤を確立することができた。もう一つは、土地制度改革としての側面である。

明治政府が地租改正を行った背景としては、まず当時の苦しい財政状況が挙げられる。旧幕府から引き継いだ石高制（米の収穫高によって納税負担を決める制度。豊臣秀吉の太閤《たいこう》検地以降確立された）は、すでに江戸末期から混乱に陥っており、十分な財源を確保できなかった。欧米に見劣りしない近代的な諸制度を導入するためには資金が必要であり、歳入基盤を確保することが急務であった。

また、石高制の下では市街地に対しては税金が課されず、税負担の公平性が著しく損なわれていたことも、税制改革の気運が盛り上がる要因となっていた。また、同じ農地の間でも負担の程度が異なり、農民の不公平感が増していた。

土地税制改革の論議は１８６９年（明治２）頃から盛んとなり、いくつかの改革案が出された。中でも注目されたのは、神田孝平《たかひら》の案であった。

神田は兵庫県令、貴族院議員などを歴任した政治家であり、西欧経済学の思想を紹介した啓蒙家としても知られていた。神田案は西欧の合理的思考に裏づけられたもので、土地の売買を自由にし、土地所有者に土地一筆ごとに地券を発行、自由な売買により形成される地価を地券に記載して、これを課税標準として金納により地租を徴税するというものであった。

地租改正の着手に先立つ1872年（明治5）に、土地永代売買の解禁の措置がとられた。これによって、日本の歴史上初めて土地売買の自由が保障された。古くから土地の実質的な売買行為は存在していたが、各時代の為政者は土地売買を公認してこなかったのだ。江戸幕府も、1643年（寛永20）に土地売買の禁止を発令していた。土地売買の許可は土地所有の公認につながるものであり、地租改正の前提条件であった。

神田の案は一部大都市で試行されたが、地価決定の方式が曖昧であった。そこで、陸奥宗光（当時神奈川県令、後に租税頭に抜擢された）は土地の生産性に応じて地価を算定し（収益還元法）、これを課税標準とすることを提案した。この方法によれば、生産力の高い土地の税金は高くなり、生産力が低い土地は低くなるため、負担の公平化が図られると考えられた。

②地租改正の内容

1873年（明治6）、太政官布告で地租改正に関する法令が公布され、地租改正事業が開始された。その内容は土地の私的所有権を公認した上で、土地所有者に対して土地一筆ごとに所有を証明する地券を交付し、土地所有者から地租として地価の3％を徴税するというものであった。地租改正作業が完了したのは着手してからおよそ10年後であり、国家の一大事業であったことがわかる。ここで改めて、地租改正の内容を整理すると次の4点が挙げられる。

①税収の確保：歳入基盤を安定させること
②租税負担の公平：市街地に対しても課税すること

③租税金納制：物納（米）を廃し金納に移行すること
④土地所有権の公認：納税者を明確にすること

法定地価（課税標準）の算定方式は、土地の収益を基準にする方法（収益還元法）と売買価格を基準にする方法の二つがあった。

農地の地価は、おおむね収益還元法によって算定された。算定方法は次の通りである。収穫米（小作地では小作米）、米価、種肥代、利子率の四項目が地価算定の際の要素とされる。土地収益は、田一反歩の収穫米に米価を乗じて収入を金額換算し、そこから必要経費である種肥代（収穫米の15％）と地租、村入費を控除することによって算出する。それを一定の利子率（自作地6％、小作地4％）で資本還元したものが、地価とされた。

他方、市街地の地価は、おおむね売買価格を基準にして算定された。当初、市街地は農地に比べて相対的に低く査定され、税率も1％と農地の3％に比較して優遇されていた（1875年〔明治8〕に3％に改訂された）。これは、従来課税されていなかった市街地に対する激変緩和措置として実施された。

地租改正によって導入された地券は土地の所有権を証明し、かつ地租の納税義務を表示するものであった。その後、地券制度はより進んだ形の登記制度へと移行していった。

1886年（明治19）に「登記法」が制定され、土地所有の移動は登記簿に記載され、土地所有は登記簿によって認められることになった。また、1889年（明治22）には「土地台帳規則」が制定され、それまで地券に基づいて行われていた地租の徴収が、土地台帳に記載された地価によって行われることになった。こうして地券制度は、その役割を終えた。

③地租改正の効果

まず、地租改正の当初のねらいは達成できただろうか。政府税収に占める地租の割合は、当初は極めて高く（1877年〔明治10〕では82％）、まさしく国家の財政を支えていた。しかし、その後所得税、酒税などの税収が増加し、1910年（明治43）には地租の割合は

22％に低下した。昭和に入るとその割合は10％以下と、さらに低くなった。地租は明治政府の財源確保という緊急目的を達した後、次第に割合が低下していった。

市街地への課税によって、商工業者に対しても地租負担が課された。当初は農地よりも低い税率が適用されたが、その後農地と同じ税率に引き上げられたことによって、税負担の公平化は達成された。また、異なる農地の間の負担の違いによる不公平感は収益還元法による地価の算定によって、一応払拭された。

地租改正以降、種々の問題が発生することになった。

その第一は、土地担保金融の活発化である。地租改正によって土地の価格が法定地価として定められるとともに、土地の商品的な流通が認められた。それは必然的に、土地が担保物件として活用されるようになることを意味した。「地所質入書入規則」（1873年〔明治6〕）などの法令整備によって、土地担保金融は制度的に保障され、土地の担保形態は質入から抵当権の設定（書入）に急速に移行し、金融が容易になっていった。

全普通銀行の総貸出に占める不動産担保貸出の比率は、明治期から大正初期まで30〜

40%を占めていた。その後比率は低下したが、それは大銀行の影響によるもので、多くの地方銀行は昭和に入ってからも不動産担保貸出が高い比率を占めていた。

第二は、土地所有の集中である。地租改正後、農地の所有が集中するという現象が生まれた。1881年（明治14）、西南戦争後のインフレを抑制するために、松方正義《まさよし》蔵相はデフレ政策をとり、米価は急落（松方デフレ）。この結果、自作農の中に地租を納められない者が続出した。納税の担保とされていた土地は抵当処分され、金融業を兼営した地主などの手に渡った。

このような現象は米価の下落や不作が起こるたびに繰り返され、土地所有の集中が次第に進んでいった。1873年（明治6）に31%であった小作地比率は、1907年（明治40）には45%に上昇した。

第三は、地価の高騰である。江戸時代までの村落共同体の中では、土地はそれぞれの利用権、耕作権の対象として考えられていた。しかし、地租改正によって地券が発行され土地の私的所有が公認されるようになると、次第に土地所有に執着する考え方が強くなってきた。他方、土地取引の活発化は土地投機を発生させた。

この結果、明治期には地価が高騰した。１８９０年（明治23）に反当たり63円だった平均田地価格（売買価格）は、１９１１年（明治44）には２４７円と約４倍になった。平均畑地価格についても、１８９０年の26円から１９１１年には約４倍の１１４円となった。他方、この間（１８９０〜１９１１年）の物価上昇は約２倍に止まっており、地価上昇は物価上昇を大きく超えるものであった。

これらの問題のうち、大地主制の問題は戦後の農地改革によって解消されたが、土地担保金融の問題は今も残り、地価高騰の問題は１９８０年代のバブル期まで何度も繰り返された。

④地租改正と土地所有権

前述のように、地租改正を土地改革として見た場合、最も重要な点はそれによって土地の私的所有権が公認されたことであった。

これを追認するように、民法（旧民法、1896年〈明治29〉制定）においても土地所有権が明文化された。民法に明記された土地所有権の概念は、土地の利用、処分のいずれについても所有者個人の自由であるという、いわゆる絶対的所有権の考え方であった。

これには歴史的な経緯がある。民法の制定にあたっては、ドイツ民法第一草案がモデルとされた。これはローマ法学者によって作られたもので、結局はドイツにおいて日の目を見なかったものである。「ローマ法型」の土地所有権は絶対的、排他的であり、その絶対性は土地の自由な利用、処分に結びつく。絶対的な所有権の下では土地取引の自由が基本とされるため、一般に土地が商品として扱われ、土地投機も起こりやすいとされる。

このことは、先に述べたように地租改正以降、現実に土地投機が現れたことと符合している。

これに対して「ゲルマン法型」の土地所有権は、都市の秩序を守るために、所有権の絶対性が限定される相対的所有権の概念である。相対的所有権は、その性格から社会的所有権とも呼ばれる。

欧州では18世紀から19世紀末にかけて絶対的所有権の考え方がとられていたが、19世紀末から20世紀にかけて相対的所有権の考え方に改められた。絶対的所有権では所有が最優先されるのに対して、相対的所有権では利用が最優先される。相対的所有権の下では、土地所有は公共の福祉に役立つものでなければならず、土地所有者がそのように使用する義務を負うとされる。

日本において土地問題の解決が遅々として進まないのは、根本的には土地所有権の概念に問題があるという点は、従来から法学者によって指摘されてきた。

明治期に確立された絶対的所有権は、現在でも基本的には全く変わっていない。利用優先の考え方に転換させるとしたら、その基礎となる土地所有権の法概念も見直す必要がある。

１９８９年に制定された土地基本法では、土地についての基本理念として、土地の公共性に応じて権利に対する制限を加えることが挙げられている。しかし、土地基本法は宣言法であり、法的な拘束力を持っていない。利用優先を確立するための法整備は、今後の重要な課題である。所有権に関する中長期的な課題としては、この点を指摘しておきたい。

久高島における土地総有制

こうして地租改正で私的所有権が認められたが、地租改正以前の地割制度が未だ続いている地域がある。沖縄県南城《なんじょう》市に属する久高島《くだかじま》である（人口約170人）。久高島では土地は、村落（字《あざ》）のものという「総有制」をとっている。それを明文化したものが、久高島土地憲章（1988年）である。

土地は国有地などの一部を除き、字の総有に属し、利用権の享受資格は先祖代々字民として認められた者および配偶者にある。字外出身の者は3年間定住し、土地管理委員会と字会の承認を得られれば利用できる。利用がなくなった場合は、字に返還しなければならない。地目によって、より具体的に定められている（図表4-1）。

屋敷地（宅地）については、土地使用賃貸契約から2年以内に着工しなければ土地は返還しなければならない。子孫不明、家族祭祀《さいし》の途絶えた場合は、土地管理委員会が回収する。農地については、5年以上放棄したものは返還しなければならない。その他（事業用地など）については、利用が済み次第、原状に復して返還しなければならない。

沖縄では地租改正からかなり遅れて、沖縄土地整理事業（1899〜1903年）において私有制が導入されたが、久高島は字による総有を維持した。久高島では1981年から土地改良事業の導入が検討されたが、独自の権利関係がネックになって進展しなかった。その過程でリゾート施設の建設計画が浮上し、土地を開発から守るという意識が強くなり、それまでの慣行を明文化した土地憲章が制定された。

久高島では、私的所有を認めなかったことが適切な管理につながり、耕作放棄や所有者不明の土地発生を防ぐ効果を生んでいる。なお、総有制の仕組みは法律的には民法第263条の入会《いりあい》権として位置づけられる（入会とは、地域住民が山林原野などの資源を共同管理し、収益行為を行うこと）。

図表 4-1 久高島土地憲章の内容

	土地利用憲章の規定	利用管理規則
屋敷地（宅地）	・字民は従来の屋敷地を利用できる ・家屋の築造は、土地管理委員会の決定と字会の承認による ・土地使用賃貸契約から２年以内に着工しなければ、土地を返還 ・子孫不明、家族祭祀の途絶えた屋敷地は、土地管理委員会が回収	新規利用は、生活の本拠とするものに限る。 家屋の規模や家族構成などを斟酌し、100坪を上限
農地	・字民は従来の割当地を利用できる ・新規利用は、土地管理委員会の決定と字会の承認による ・５年以上放棄した者は字に返還	新規利用は、 農業経営の規模などを斟酌し、3,000坪を上限
墓地	・字民は従来の割当地を利用できる ・新規利用は、土地管理委員会の決定と字会の承認	新規利用は、 墳墓の規模などを斟酌し、10坪を上限
その他	・字民は従来の利用地の利用を継続できる ・新規利用は、土地管理委員会の決定と字会の承認による。利用が済み次第、原状に復して字に返還	新規利用は、 目的や工作物の規模を斟酌し（建坪面積のおおむね３倍）、上限は300坪

現代における総有的管理①——所有と利用の分離

強い私的所有権が認められた現代の仕組みを、久高島のような仕組みに戻すことはもちろんできない。しかし、人口減少下で今後、放置、放棄されたり最終的に所有者不明になったりする土地がますます増加する可能性を考えれば、総有的な管理の仕組みを導入する必要性は高い。

具体的には放置、放棄される土地を第三者が共同管理する仕組みを導入することが考えられる。所有権には手を付けず、利用の共同化を進めるものである。すなわち、放置、放棄された土地、あるいは将来的にそうなる可能性が高い土地の利用権を集約して、次の利用につなげていく。先に、中長期的には利用権優先の法整備が必要と指摘したが、これはそれに至る前の現実的な利用促進策と言える。

一例としては、香川県高松《たかまつ》市高松丸亀《まるがめ》町商店街における再開発が挙げられる（2006

年竣工)。

細分化された所有権に対し、定期借地権を用いながら利用権をまちづくり会社に集約し、再開発を進めた。土地の所有と利用が分離されたことで、商店街の土地は、まちづくり会社によってより望ましい形で利用されることになった。細分化された所有権しか持たない地権者自身では再開発を進めることは困難で、いずれ商店街は衰退し、放置、放棄された可能性もあるが、それをまちづくり会社による利用の共同化で克服したと考えることができる。久高島における土地管理委員会と字会が、まちづくり会社に当たる。

また、農地では第2章で触れたが、所有権を残したまま遊休地を貸す農地バンク(農地中間管理機構)の仕組みで、利用が進められようとしている。遊休地に対して、一定の手続きの上で、都道府県知事が強制的に利用権を設定できる仕組みも設けられた。

そして、やはり第2章で述べたように、所有者不明土地については今後、所有者不明土地の利用の円滑化等に関する特別措置法によって、公共性を持つ事業に使う場合、利用権設定を可能にする仕組みが導入されることになった。所有権の強さを乗り越え、利用を促すという点で一歩前進である。

一方、所有と利用を分離するものではないが、良好な居住環境を創出するため、使われなくなった土地の権利関係を積極的に調整することで、次の利用につなげている例もある。第3章で紹介したNPO法人つるおかランド・バンク（山形県鶴岡市）が、好例である（144〜148ページ参照）。

現代における総有的管理とも言える所有と利用の分離や所有権の円滑な移転は、それを推進する強力な仕組みや主体を必要とする。放置、放棄され最終的に所有者不明になるような土地を出さず、より望ましい利用を実現するためには、それを進めるための仕組み、主体が不可欠であり、所有権が強い日本でも取り組み次第では効果を発揮できることを示している。

今後は、こうした取り組みの推進により、所有者不明の土地の増加を未然に防いだり、利用を進めたりしていくことがより一層求められる。

現代における総有的管理②——マイホームリース制度

住宅供給に関しては、最近、所有と利用を分離する新たな試みが現れたことが注目される（図表4-2）。住宅利用者は、子育て期など広い住宅が必要な期間のみ、土地と建物の躯体（スケルトン）を賃借して使う。期間終了後は高齢者向け住宅などに移り、土地とスケルトンは新たな利用者に回す仕組みである。

スケルトンは長持ちする構造とし、利用者は利用期間中、内装（インフィル）を自由に変更できる。土地とスケルトンは特定目的会社（SPC）が所有し、賃貸して開発費用を回収する。常陽銀行が茨城県つくば市、大和ハウスとともに協議会を立ち上げ（「マイホームリース推進協議会」）、2016年度度から試みている（国土交通省「2016年度良質な住宅ストック形成のための市場環境整備促進事業」の一つに選定）。

所有しなくても一定期間、十分な質と広さの住宅（長期優良住宅）に住める仕組みで、期

図表 4-2 ｜ マイホームリース制度の所有・利用形態

	所有・利用形態
土地	・市が保有する土地を住宅保有法人に対して現物出資し、住宅保有法人が入居者に対してリース等を行う
スケルトン	・ハウスメーカーが施工し、スケルトン部分のみ住宅保有法人に売却し、住宅保有法人が入居者に対してリース等を行う
インフィル	・入居者が希望する仕様に合わせて施工し、原則償却するまで住み続ける（ただし費用を抑えるため、完全なオーダーメードではなく、レディメードの組み合わせとする） ・施工費用は入居者負担

（出所）国土交通省

間が終われば次の利用者に回すため、空き家のまま放置されることもない。実施されるつくば市竹園《たけぞの》地区は、研究学園都市の開発が始まって以来の古い住宅地であるが、再開発を行うにあたって、このような仕組みを取り入れることにした。

つくば市は人口流入などで将来にわたって住宅需要の増加が見込まれており、そうした地区だからこそ試みることができるとも言える。この仕組みが成功するかどうかは現時点ではわからないが、所有することにこだわらず、シェアに抵抗がない若い世代に受け入れられれば今後、広がっていく可能性もある。

また、この仕組みは近年、不動産分野において、所有するビルやホテルなどを証券化して売却し、以後、賃借料を支払って使う形態があるが、それに類似している。所有する主体が、不動産売却によって財務状態を改善したり、将来にわたって不動産を所有し続けることのリスクから逃れたりしようとする場合に効果を持つ。

住宅を定期利用する仕組みも、所有する場合に比べて費用負担が少なくて済み、かつ所有し続ける場合の様々なリスクを回避できるメリットがある。所有するために多額の住宅ローン負担を負う必要もなく、また所有に縛られず、高齢期の住まいを自由に選択することもできる。

社会的なメリットとしては、空き家が発生しにくいことに加え、住宅を短期間で建て替えることなく、スケルトンを長く使うことで住宅廃棄物の発生を抑え、資源の有効利用にもつながる。このように、所有と賃貸の中間に位置する定期利用の仕組みは、様々なメリットを持つ。

section 3

所有権放棄ルールの必要性

なし崩し的な放棄が増える可能性

一方、今後、所有者不明の物件がさらに増えていく可能性を考えると、事後的に所有者探索に多大なコストをかけたり、利用するにしても利用権設定の手続きに煩わされたりするよりは、最初から所有権放棄を認め、積極的に公的管理に移しておいたほうが、その後、管理するにしても利用するにしても好都合だとの考え方に立つことも可能である。

所有権の放棄については、現状では所有権の放棄はしたくとも手段がなくできない。しかし第2章で述べたように、相続放棄すれば国に引き取ってもらうこともできる。相続放棄は不要な不動産のみを選択的に行うことはできず、遺産すべてを放棄しなければならないが、相続人全員が相続放棄して相続人不存在となった場合、自治体などの申し立てによって選任された相続財産管理人が換価して残余があれば、国庫に納付される。

しかし、相続財産管理人の選任には費用がかかるため、相続放棄後、こうした手続きが行われることは稀である。最後に相続放棄した人は、相続財産管理人が選任されるまでの間、管理責任は残るが、その責任も現状では徹底されているわけではない。相続放棄された不動産が危険な状態となり、そのまま放置されていることも少なくない。

空家法では、相続放棄された空き家を特定空家に認定し、代執行の必要が生じた場合には、略式代執行の手続きによることになる。したがって、現状では相続放棄された場合、最終的には公費で取り壊さざるを得ない事態に至る。

相続放棄は選択的にできず、それが相続放棄に踏み切るハードルになっている。しかし今後、空き家のほかめぼしい遺産はないといったケースが増えれば、相続放棄され管理責任も果たされず、最終的に公費解体になる事案が増加していく可能性がある。

あるいは、相続放棄は選択的にはできないが、必要な財産を遺言書で遺贈したり、生前贈与したりしておけば、必要な財産を確保した上、最後に不要な不動産のみを相続放棄して手放すといったこともできないわけではない。

こうしたことが実際に行われれば、国は使い道のない不動産ばかりを押しつけられてしまうことになる。今後、こうしてなし崩し的に放棄され、国が引き取らざるを得ない不動産が増加していく可能性を考慮すれば、最初から所有権の放棄ルールを明確にしておくほうが望ましいと考えられる。

所有権放棄ルールと代替策としてのマイナスの固定資産税

不動産の所有権放棄の可否について学説は定まっていないが、民法第239条には、「所有者のない不動産は、国庫に帰属する」という規定があり、所有権放棄が認められれば、国の所有に移る。しかし、現状では登記には所有権放棄の手続きはないため、不動産登記法に所有権抹消登記の規定を設ける必要がある。国の所有に移ると国の管理負担が増すが、これについては放棄時に一定の費用負担（放棄料）を求めることが考えられる。求める費用負担額としては、例えば管理費相当分、固定資産税などの何年か分という設定が考えられる。

この仕組みのデメリットとしては、放棄料が安すぎると簡単に放棄できるため、放棄が爆発的に増えてしまう可能性があるという点であろう。一方、現在の相続放棄の仕組みは、相続財産すべてを放棄しなければならないことが一定のハードルになっている。

しかし前述のように、必要な財産を確保した上、最後に不要な不動産のみを相続放棄して手放すといったことも不可能ではない。こうした形で、なし崩し的に相続放棄が増えていく可能性を考慮すれば、放棄の一般ルールを定めたほうが、まだましだとも考えられる。なし崩し的に放棄された状態になり、管理責任も果たされなくなっていくのは、国土の管理という意味でも望ましい状態ではない。費用負担を求めた上で放棄を認める仕組みを設けるのは、国土の管理を適正に行っていくという意味でも正当化できると考えられる。

また、前述のように利用するため事後的に所有者探索に多大なコストを投入するよりは、最初から放棄を認め、国の所有に移しておいたほうが、はるかにその後の利用がしやすくなるというメリットもある。実際の管理は、自治体が担うことが考えられる。

ただ、この仕組みは、負担が増大する国が容易に受け入れるとは思えない。その場合の代替策としては、所有者に管理責任を果たしてもらうため、所有者が更地にして、自治体が設ける空き地バンクに登録しても一定期間（例えば5年間）買い手が現れない場合、以降は管理費用相当分を国が支給する考え方もあり得る。所有権放棄で国が引き取る代わりに、所有者に管理費用を渡し、管理し続けてもらう案である。いわば、マイナスの固定資産税である。

ただし、この案は所有者が管理費相当分を受け取ったとしても、本当に管理するかどうかわからないという点で問題がある。

section
4
所有者不明マンション対策

マンションの終末期問題

第2章で述べたように、空き家解体のための公費投入が増えているが、今は戸建てを中心に起きているこうした問題も近い将来、分譲マンション（以下、マンション）に波及していく可能性が高い。

マンションは築40年を超えると、空室化、賃貸化が目立つようになる（国土交通省「2013年度マンション総合調査」）。マンションが老朽化していくとともに、区分所有者の高齢化も進む「二つの老い」が進み、管理機能が低下していく。空室化、賃貸化により区分所有者が住まない状態になると、管理機能はより一層低下しやすくなると考えられる。

また、老朽化の進展とともに相続が進み、区分所有者が誰であるかを特定しにくい物件も出てくる。築40年超の物件は2016年時点で63万戸であるが、10年後（2026年）には2・7倍、20年後（2036年）に5・2倍に達し（図表4－3）、こうした問題が今後さらに広がりを見せていくことは確実である。

マンションが老朽化しても長く使うためには、大規模修繕を定期的に実施していく必要はあるが、その前提条件は管理組合が機能していることと、必要な修繕積立金が確保されていることである。こうした基本的なことも、必ずしも容易なことではない。

建物が使用に耐えなくなった場合には建て替えという選択肢も生じるが、これもまた、管理組合が機能していることが前提になる。区分所有者の金銭的な負担をできるだけ少なくして建て替えるためには、ディベロッパーと協力するなどして、容積率や敷地の余剰部分を利用したり、隣地と一体化した再開発を行ったりすることによって保留床を造り、市

図表4-3 ｜ マンションの築年数別戸数の推移

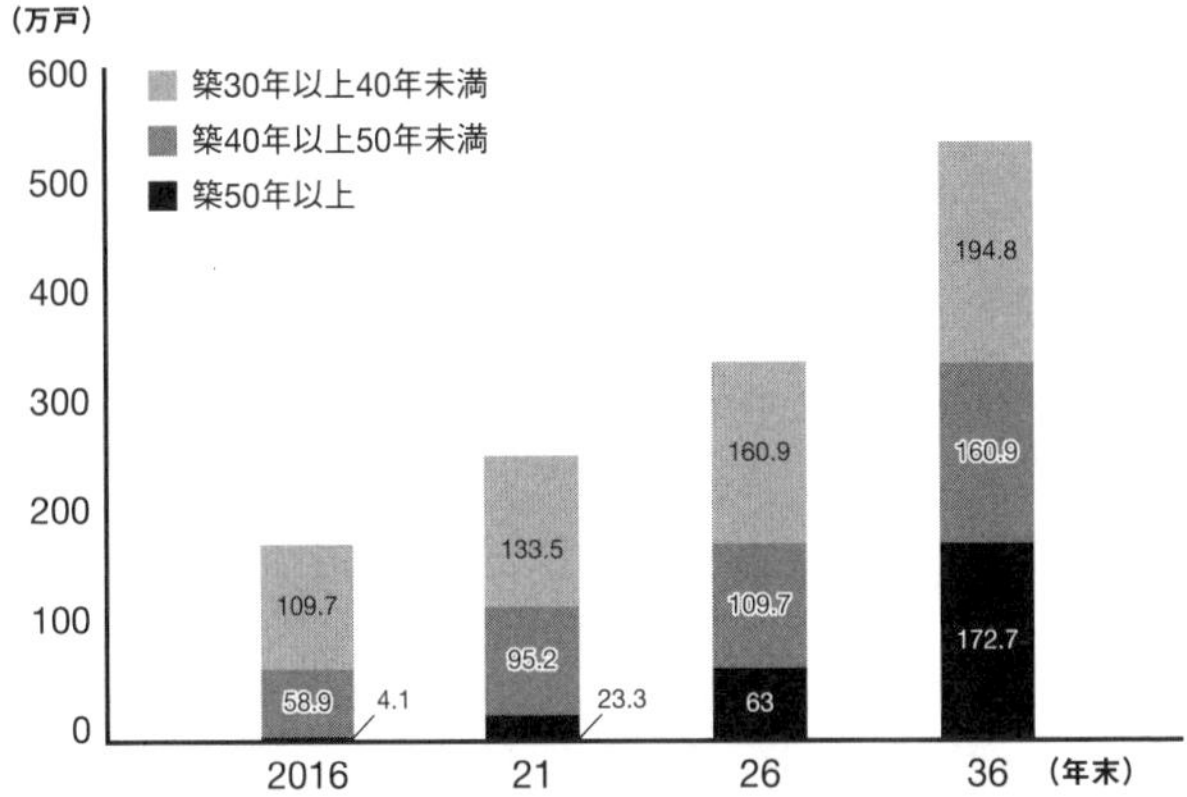

(出所)国土交通省

場で売却して建て替え費用とディベロッパーの利益が得られる事業の枠組みを構築する必要がある。こうした条件を満たす物件は、今後は少なくなっていくと考えられる。

修繕を行ってできるだけ長く使うことや建て替えも困難だとすると、区分所有権を解消して売却するという、いわばマンション解散の選択が視野に入る。建て替えが区分所有者及び議決権の5分の4の賛成でできるのに対し、これについては従来、全員一致が必要であったが、現在の仕組みでは、被災マンションや耐震不足と診断された物件については5分の4の賛成でできるようになっている（被災マンション法による被災建物・敷地売却制度、マンション建て替え等円滑化法によるマンション敷地売却制度）。

ただ、被災マンションの場合は解体に公費が投入されることになるが、耐震不足のマンションの場合は、解体費用が敷地の価値を上回るようであれば買い手にとってメリットはなく、議決によって自主的な解消が進むかは不透明である。

修繕、建て替え、自主的な解消のいずれも困難だとすると、老朽化が進み朽ち果てたマンションが放置されたままになるという、現在の戸建ての空き家問題で発生しているのと同じ問題がマンションでも発生することになる。空家法では共同住宅の場合、全室が空室になった場合、法を適用して代執行や略式代執行までできる。しかしマンションの場合、解体には巨額の費用が必要になり、自治体が費用面でそうした措置をとることができるのかという問題がある。

ここまで述べてきたマンションが老朽化しその終末期に直面する問題について、以下では所有者不明物件が増えてきた場合の対処、次いで最終的に区分所有権を解消して建物を解体する方策について検討していく。

財産管理人による処分の可能性

まず所有者不明物件への対処であるが、第1章で述べたように、所有者不明・不在の物件はマンションでも増えつつある。管理組合は、所有者不明となった場合は不在者財産管理制度、相続放棄された場合は相続財産管理制度によって、物件を処分することができる。管理人選任は家庭裁判所に申し立てることによって行われるが、その際、一定の予納金の支払いが必要になる。それでも、物件を売却できれば予納金や管理費滞納分などに充当することができる。

しかし、そもそも所有者不明・不在となる物件は、価値がないためにそうなってしまった可能性が高く、たとえ売れたとしても予納金や滞納分を賄うのに十分な値段に達しない場合が多いと考えられる。その場合、滞納分は新たな区分所有者が引き継がなければならなくなり、ますます買い手を見つけるのが難しくなる。

所有者不明・不在となった土地の場合は、市場で価値がなくても、隣の人にとっては敷地拡張のために価値があり、買い取ってもらえる場合がある。マンションの場合も、市場で売れなくとも、従前からの区分所有者に買い増し需要があれば引き取ってもらえる可能性はある。しかし、建物が老朽化するとともに区分所有者も高齢化しているマンションにおいては、そのような需要はあまり期待できそうにない。

結局のところ、所有者不明・不在となると管理組合はその物件の処分に窮することになる。相続放棄には遺産すべての放棄が必要で、マンションだけを選択的に放棄できないが、今後ほかにめぼしい遺産はないといったケースが増えれば、放棄が増加していく可能性がある。将来的には、市場価値のないマンションの大半が相続放棄されてしまうといった事態も起こりかねない。放棄しないまでも相続未登記が増え、権利者に連絡を取るのが難しくなるケースが増えていくことも考えられる。

利用権設定のアイデア

所有者不明・不在の物件が増えてその期間も長引くと、荒廃して物件全体に悪影響を及ぼす可能性も出てくる。

所有者不明・不在物件が放置され、管理が行き届かなくなる事態を避けるため、長期間空室になっているマンションについて、裁定によって利用権や所有権の設定を可能にするアイデアも提起されている（土地総合研究所〔2017〕）。管理組合が、仮に将来所有者が現れた場合に支払う補償金を供託した上で権利を得て、利用または処分するというものである。管理組合はこれを賃貸物件として貸し出せば賃料収入が得られ、管理費や修繕積立金に充てることもできるようになるかもしれない。

利用権設定については、前述のように遊休農地や所有者不明土地の場合は、補償金を供託した上で利用できる仕組みがある。利用権設定は、将来的にはマンションについても検討課題の一つになると考えられる。

放棄の一般ルールの必要性

マンションの場合、仕組み自体が新しいため、土地のように所有者を探索するために何代も遡らなくてはならないようなものは存在せず、仮に未登記の場合でも、所有者にたどり着ける可能性は高い。しかし問題は相続放棄であり、これは認められている権利とはいえ、残された区分所有者が負担を押しつけられる結果になっている。前述のように今後、ほかにめぼしい遺産はないといったケースが増えれば、マンションの相続放棄が増加していく可能性がある。

相続放棄物件のその後の処理コストが嵩《かさ》むことを考慮すれば、マンションの場合も、最初から放棄できる一般ルールを定めておいたほうが望ましいとの考え方に立つことも可能である。求める費用負担額としてはマンションの場合、管理費、修繕積立金、固定資産税などの何年か分という設定が考えられる。

放棄の一般ルールを設けるメリットとしては、相続放棄のように一方的に放棄されるわけではなく、放棄される管理組合の側は放棄料を得ることができ、その後の管理や処分費用に充てることができることがある。この仕組みでは、マンションの区分所有者は、いわば放棄料支払いというマイナス価格で、管理組合に物件を引き取ってもらう形になる。

もちろん、先に紹介したような所有者不明・不在となって長期間経過した後で、利用権や所有権を設定する仕組みでも悪くはないが、それには時間を要する。不要なものは最初から放棄料を支払う条件で放棄を認め、管理組合がその後の利用や処理を早期に考えるほうが合理的だと考えられる。

なお、ここまで述べてきたことはマンションの管理組合が機能していることを前提にしてきたが、管理組合が機能していない場合は、放棄が増えた物件についてはその後の管理、処分を担う受け皿機関のようなものも必要になるかもしれない。

戸建ての場合は、国土管理やその後の利用のしやすさという観点から放棄ルールの必要性を述べたが、マンションの場合は、管理組合の負担を減らすという観点から放棄ルールの必要性を指摘した。やや異なった観点から必要性を指摘したが、なし崩し的な放棄を防ぎ、利用しやすくするという点では共通している。

強制解体の仕組み

次に、マンションの区分所有権解消、解体の問題に移る。前述のように、現状では被災マンションや耐震不足のマンションについては5分の4の賛成で区分所有権を解消できるが、将来的にはその仕組みだけでは十分ではないと考えられる。

日本マンション学会では、マンション建て替えの難しさを踏まえ、今後は修繕や改修によりできるだけ長く使った上、最後は解消という選択肢を設ける必要性が高いとし、新たな解消制度を提案している（『マンション学』第36号）。

以下の二つのケース、すなわち、①建物不全状態について特定行政庁の認可を受けた場合、②築60年超の場合は建物不全度にかかわらず、議決権の5分の4の賛成で解消できる仕組みである（後述の清算機関による区分所有権買い取りの必要性が生じる可能性を考え、区分所有者数は決議要件としていない）。

これは管理組合が機能しており、決議によって自主的に解消できる場合であるが、自主的解消が望めないケースでは特定行政庁が建物の調査を行った上で「特定管理不全マンション」に認定し、指導、勧告、命令、代執行（建物修繕、解体）の措置をとり、調査や代執行の費用を区分所有者に請求できる仕組みを提案している。強制解体の仕組みであり、空家法に準じたものである。

建物調査、代執行、費用徴収、建物改修・解体、移転住居確保、土地売却などの実務は「清算機関」（都市再生機構や住宅供給公社などを想定）が担うこととし、清算機関は自主的解消の支援活動も行う。

空家法との違いは、全室が空室にならずとも、建物調査によって「特定管理不全マンション」に認定されれば、必要な措置を実施できるという点と、区分所有権を解消するときに生ずる様々な問題に対処するため、清算機関を設けるという点である。こうした仕組みは今後、必要性が高まっていくことは必至である。

なお、先に放棄物件の増加にもかかわらず管理組合が機能していないケースでは、管理、処分を行う受け皿機関の必要性を指摘したが、日本マンション学会が提案する清算機関を使うということも考えられよう。

解体費用事前徴収の仕組み

マンションの場合も戸建ての場合と同じように、代執行しても費用が回収できない可能性は残る。この点について日本マンション学会は、建物解体費用が土地売却費用を上回る場合でも、区分所有者は費用支払いを免れることはできないとだけ述べているが、回収できなければマンション解体に多額の公費が投入されることになりかねない。

したがってマンションの場合も、解体費用事前徴収の仕組みの必要性が高い。

現在マンションでは、定期借地権の期間（50年以上）を満了すると地主に土地を返さなければならない定借マンションでは積み立ての仕組みが設けられており、２００８、２００９年度に供給された定借マンションの例では、一戸あたり最終的に２００万円程度になるよう解体費用が積み立てられていた（浅見泰司編著『都市の空閑地・空き家を考える』プログレス）。

一般のマンションでも計画的に積み立てたり事前徴収したりする仕組みがあれば、仮にその後、所有者不明・不在の物件が増えていったとしても、解体費用を心配する必要はなくなる。必要な積み立て額の目安としては、解体費用を現在の相場と考えられる坪８万円と想定すれば、75㎡のマンションの場合、１８０万円ほどとなる。木造戸建ての解体費用１５０～２００万円とさほど変わらない額である。

今後、建て替えできるのは例外的に条件が揃ったケースのみであり、日本マンション学会が提案する仕組みのように60年を超えたら建物不全度に関わらず決議によって解消できるようになるとすれば、いずれは取り壊すときがくるという前提で解体費用を準備しておくほうが合理的だと考えられる。

このように今後、マンション老朽化が進展していくにつれ、所有者不明・不在のマンションが増える可能性を考えて、放棄された管理組合の側が過度に不利益を被らないような放棄の一般ルールの仕組み、そして最終的に解体しなければならないことを視界に入れて、当初から解体費用を積み立てておく仕組みの必要性が高まっていくと考えられる。つまり、戸建てで提案したのと同様の仕組みが、マンションでも必要になる。

二つの仕組みが導入される可能性

以上述べてきた解体費用事前徴収、放棄の一般ルールの二つの仕組みは一つの考え方に過ぎないが、今後議論が活発化していくことを期待したい。

筆者が初めて解体費用事前徴収の仕組みを提案したのは2015年であったが、最近は行政内部で前向きな意見もある。

例えば、山口敏彦・国土交通省大臣官房審議官（住宅局担当）は、「解体費用の税徴収についてはは確かにそういう声もあるとは思いますが、住宅の場合はかなり高額なので、難しい面も多いように思います。ただ、今後、さらに空き家の問題が深刻化していった場合には、将来の解体費用を事前に徴収しておくといったことも仕方がないというようなコンセンサスが得られるような時代がくるかもしれないので、世の中の情勢をよく見ながら考えていきたいと思っています」（「座談会　空き家・空き地問題について」『季刊　住宅土地経済』２０１８年冬季号）と述べており、事前徴収の仕組みが将来的に導入される可能性もゼロではないとしている。

このような必要性は、戸建ての空き家問題が深刻化した場合というよりは、解体により多額の費用を要するマンションの問題が深刻化した場合に高まっていくかもしれない。

所有権放棄ルールについては、筆者が初めてその必要性を指摘したのは２０１６年のことであったが、その後、必要性が徐々に理解されるようになり、第2章の最後で述べた「所有者不明土地等対策の推進に関する基本方針」（２０１８年6月）にも、検討課題の一つとして盛り込まれた。

この問題は、人口減少時代に使われなくなった不動産の処理や管理について、最終的に国や自治体がどの程度関与していくのかという問題となる。国土の荒廃を防ぐため、積極的に関与していくべきなのか、あるいは財政負担を考慮して最小限の関与にとどめておくべきなのかという問題である。そのバランスをとった仕組みづくりが今後、必要になってくると考えられる。

不要となった土地を自治体が受け皿となって共同管理したり、不要となったマンションを管理組合が受け取ったりする仕組みは、久高島において放置、放棄される土地を共同管理する仕組みと本質的に同じである。所有権放棄ルールを設けることは、総有制の要素を現代に一部取り入れるということを意味する。

第5章

価値の残る不動産を持つために

section 1

所有者の責任とリスク

工作物責任

現に空き家を所有している人、あるいは将来持つかもしれない人はどのような選択を取り得るだろうか。

建物を解体しない場合の選択肢は維持管理、賃貸化、売却などがある。建物を解体する場合の選択肢は土地として保有、駐車場などとしての活用がある。解体する場合もしない場合も、地域への開放や自治体への寄付などの選択肢もないわけではないが、開放できるような仕組みがあるのは稀であり、寄付は自治体が原則として受け付けていない。

維持管理については自分でできない場合、空き家管理代行業者に依頼する方法がある。その場合、空き家所有者が空き家管理の維持に支払ってもよいと思う金額の上限は理論上、空家法に基づく特定空家に認定され、指導・助言に従わず勧告の措置がとられ、固定資産税、都市計画税（都市計画区域内にある場合）の住宅用地特例が解除された場合の税負担増加額と考えられる。特定空家となって税負担が増える可能性があるのなら、そうならないよう、税負担増加分よりは低い額までは維持管理にお金をかけても割に合うことになる。

一方、空き家所有者は工作物責任（民法第717条）を負う。例えば、空き家の外壁等が落下して、通行人（11歳の男児）が死亡した場合、5630万円の損害賠償責任が生ずるとの試算がある（図表5－1）。このほか、空き家が倒壊して隣接家屋が全壊し夫婦と女の子が死亡した場合（2億860万円）、空き家が原因で隣家にシロアリ・ネズミの被害が発生した場合（23・8万円）などの賠償額の試算もある。

図表 5-1 │ 外部不経済の損害額の試算

シロアリ・ネズミの駆除被害（想定）

損害区分		損害額（万円）
物件損害等	シロアリ駆除・点検	17.0
	ネズミ駆除	3.5
	雑草刈り取り	3.3
	合計	23.8

試算の前提とした被害モデル

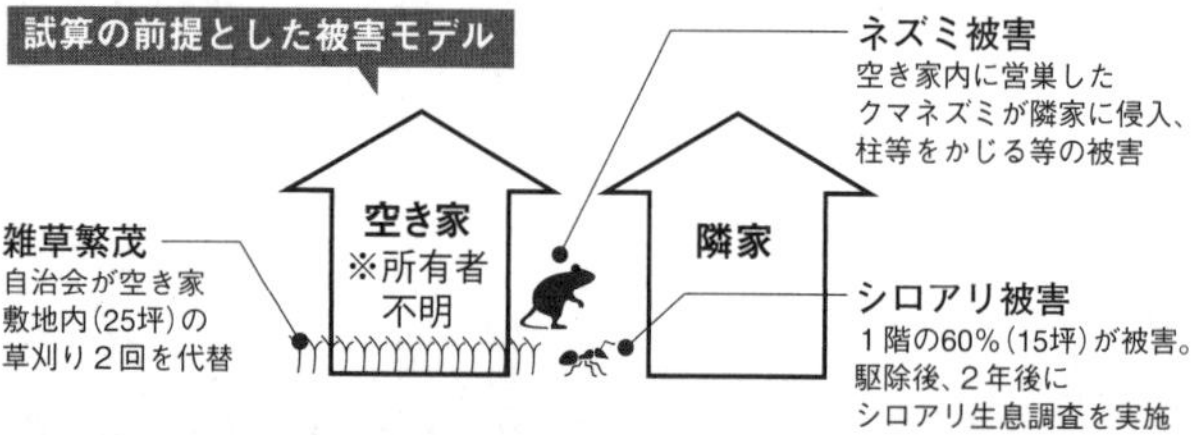

外壁材等の落下による死亡事故（想定）

損害区分		損害額（万円）
人身損害	死亡逸失利益	3,400
	慰謝料	2,100
	葬儀費用	130
	合計	5,630

試算の前提とした被害モデル

【試算方法】「交通事故損害算定基準――実務運用と解説――（2012年2月23日改訂）」（（財）日弁連交通事故相談センター）等に基づき、独自に試算

（出所）日本住宅総合センター「空き家発生による外部不経済の実態と損害額の試算に係る調査」2013年5月

空き家所有者はこのように潜在的に負わなければならない責任を考えた場合、解体しない場合の措置を講じるか、または解体すれば責任を負う可能性をゼロに近づけるか、ゼロにできる。

解体して土地を持ち続ける場合は、建物の固定資産税・都市計画税がなくなる一方、解体費用がかかり、土地に対する固定資産税・都市計画税の住宅用地特例がなくなり負担増となるが（固定資産税は最大6倍、都市計画税は最大3倍）、それでも所有者にとっては、工作物責任がなくなることのメリットのほうが大きいと考えることもできよう。解体する場合は第2章で述べたように、自治体が一定の補助を講じる例が増えている。

先送りリスク

一方、賃貸化や売却など市場での流動化を考える場合、土地としての価値だけを考えるのであれば最も高く売れると判断できるときに売ればよいが、建物も含めた価値を考える場合、空き家になってから長期間放置すると劣化し、建物を利用できる可能性が低くなる。相続によって空き家を取得した場合がその典型であるが、親が亡くなってからすぐに物件を流動化するのには抵抗がある場合が多い。愛着があったり、家財道具、仏壇・仏具が残ったりしていることが早期流動化の障害となる。しかし、建物が傷んでから動くのは遅く、合理的に考えれば、早期に流動化に踏み切ったほうが得策であるとの認識を持つことが必要である。

こうした先送りリスクの存在は、次のような調査から確認できる。

第1章で述べたように、空き家所有者の今後5年程度の利用意向は、流動化志向（売却・賃貸）は1割程度に過ぎなかった。では、どのような場合に流動化志向が高まるのか。

福井県越前町では、独自の空き家実態調査の中で建物の劣化度合い（老朽度判定）と流動化志向の関係について調べている。売却志向について見てみると、老朽度A判定（そのまま使用可）で14%、B（若干修繕要）で22%、C（かなり修繕要）で28%と老朽度判定が悪くなるほど売却志向が高まっている（図表5－2）。そして、D（腐朽して危険）の場合は18%と、

図表 5-2 ｜ 老朽度判定別の空き家の活用意向：福井県越前町

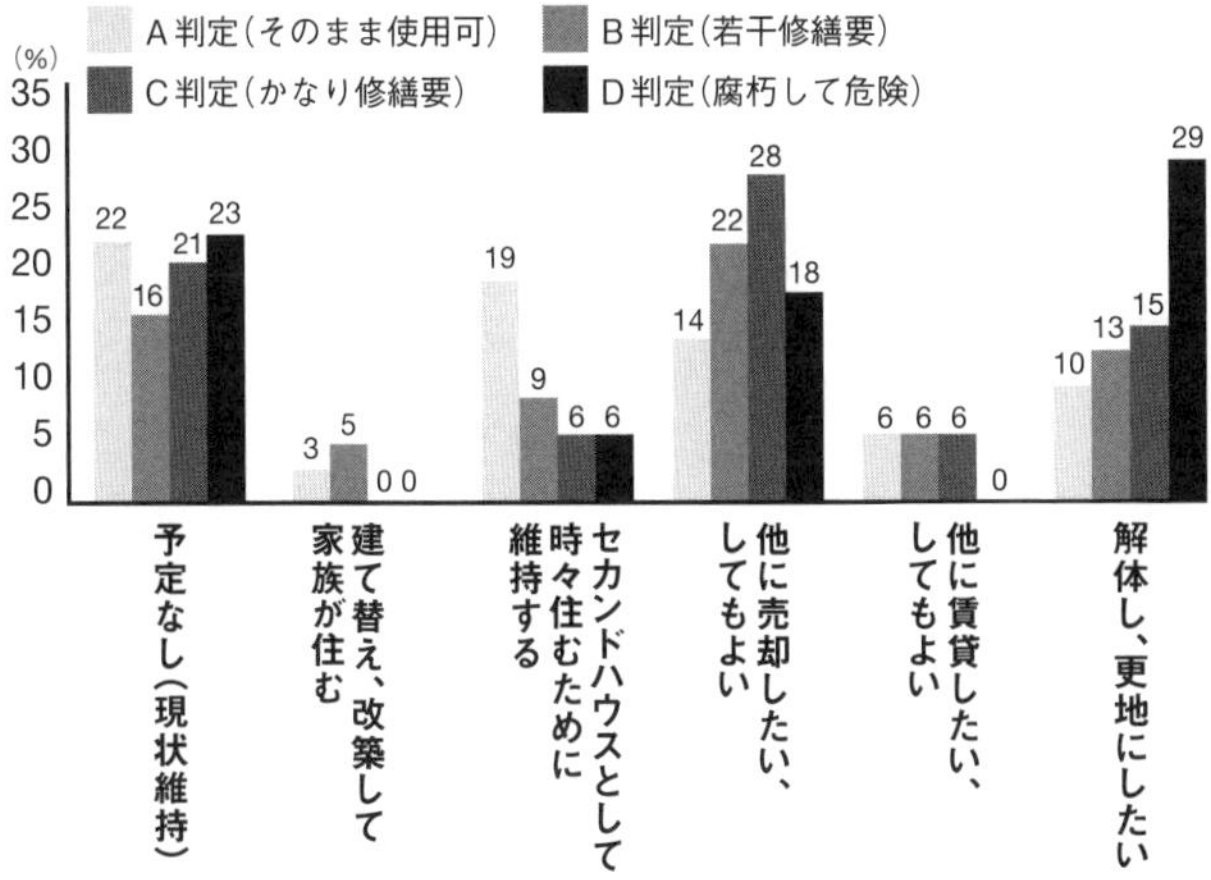

出所：越前町「空き家の所有者等に対する意向（アンケート）調査」2014年

売却志向がやや低下している。

こうした関係が見られる理由として考えられるのは、次のようなことである。

親から家を引き継いだが自分は住まず、時々は見に行っていたとしても、時間が経過するにつれ、自分も年を取りこのままでは空き家の管理・処分を自分の子ども、つまり孫の世代に委ねることになってしまいかねない。さすがにそれはできないということで、その時点で初めて売却志向が高まる。しかし、そのときは空き家になって長期間が経過し、劣化の度合いが進んでおり、建物の価値は失われていることになる。早い段階で決断できていれば、建物の価値が失われず、より高い値段で売れる可能性があったにもかかわらず、その機会を逸してしまっている。

越前町の調査でDのレベルで売却志向が弱まっているのは、建物としてはもはや価値がなくなったことの反映と考えられる。

section
2
空き家の利活用、処分の可能性

住宅としての活用

当面、維持管理を行ったとしても、そのまま続けていくことは次第に困難になっていく。その場合、どのような選択肢が考えられるだろうか。

物件活用としては賃貸化（住宅、店舗、オフィスほか）のほか、宿泊施設としての活用、公的活用などが考えられる。

まず住宅としての活用であるが、売却、賃貸化は仲介業者に依頼するほか、自治体の空き家バンクに登録する方法がある。空き家バンク物件の契約については地元の業者が扱うケースのほか、業者がない場合や、業者にとっては採算が取れず扱わない場合には、用意された契約の雛形《ひながた》に基づき相対で契約する場合も多い。空き家バンク物件には、借りる場合の家賃補助や、購入する場合の改修費補助を行っている自治体が多い。

また、空き家所有者へのインセンティブとしては、空き家バンクへの登録を促すため、登録する場合の家財道具の処分や清掃費用を補助する自治体が増えている。空き家バンクのほか、第2章で述べたように、最近はウェブ上でどんな空き家も掲載可とするマッチングサイトが登場した。

売却については、第2章で述べたような近年、地方を中心に成長している買い取り再販業者に売却する方法もある。買い取り再販業者は土地付きの戸建てを数百万円で買い取り、水周りを中心に数百万円で改修して新築の半値以下で売ることで、一定の需要を開拓している。

空き家所有者にとっては、売却価格は決して得をする値段ではないが、持っていても維持管理のコストがかかり、工作物責任を負うリスクもある。解体する場合は、解体費用と税負担増を覚悟しなければならない。それならば、売れるうちに売ったほうがよいとの判断を行う場合が増えており、こうした事業が成長する背景となっている。

空き家を売ろうにも、敷地に接している道路の条件が現在の法律の求める要件（接道要件）を満たしておらず、いったん壊したら再建築不可能（既存不適格）といった物件の場合、買い手を探すのは困難であるが、隣家にとっては価値があり売却できる場合がある。

物件の賃貸化を行う場合は、借り手を募集するためには一定の改修が必要であるが、DIY型賃貸の形をとれば、その必要はない。借り手が好きなように改修し、返すときの原状回復義務もない契約形態である。また、賃貸化に際し、通常の契約（普通借家）で不良借家人に居座られるリスクを負いたくない場合には、期限を区切る定期借家にする手がある。期限を区切る分、家賃は普通借家より低く設定する必要がある。

賃貸化については、一般社団法人移住・住みかえ支援機構（JTI）に登録する方法もある。JTIは国のバックアップを受け、原則50歳以上の持ち家が子育て層などに賃貸物件として供給されるよう支援している。業者や自治体が協賛していれば、利用できる。3年の定期借家で貸す仕組みで、借り手がいなくとも一定の家賃保証がなされる。当面空き家を手放す気はなく、普通借家には抵抗があったり、仲介業者に依頼してもなかなか借り手が見つけにくかったりする地方などでは、一考の余地がある。

ただしこの仕組みは耐震診断を受け、耐震性不足の場合、改修しなければ登録できないことがネックになっている。この仕組みを使う前提で、住宅金融支援機構から改修費の融資を受けられる仕組みもあるが、そこまでして登録したいという人は少ない。ただし、今後は新耐震基準の空き家も増えると予想され、利用が増えていく可能性がある。

店舗、オフィス、宿泊施設、公的施設などとしての活用

空き家は元の形の住宅としてだけではなく、店舗、オフィス・工房、コミュニティスペース、シェアハウスなどとしての再利用も考えられる。そうした活用を行いたいとする個人

や団体、事業会社に賃貸・売却する方法がある。

例えば、商店街などの中にある古い建物で、普通ではなかなか借り手がつかないような物件でも、NPOなどが所有者や地域の協力を得て、使い方も含めてコンペ方式で入居者を募り、割安で貸せる仕組みを構築することで再利用につなげている場合がある。古くても趣のある建物のほうが、カフェ・ショップ用、起業やものづくり用の場合は好まれる場合がある。古民家が集積している地域では、NPOなどが集中的に再生させることで地域活性化につなげている例もある。

これに関連して第3章では、空き家の再利用を専門に扱う事業会社やNPOの一例を紹介した。また第3章では「負不動産」活用ビジネスとして、空き家を仲介している事例を紹介した。

シェアハウス、宿泊施設としての活用は、そのような事業を行っている個人や事業会社が存在する。宿泊施設として活用する場合は、旅館業法の簡易宿所（ゲストハウスなどが分類されるカテゴリー）としての営業許可を得る方法、国家戦略特区に基づく外国人滞在施設

図表5-3 | 大田区における特区民泊の物件例

戸建タイプ

利用者の声

わが家ではないのに、家族以外いない気兼ねなさがあり、子どもたちは大喜びでした。新しい調理家電が揃っていて、和モダンな部屋の中、妻も楽しく料理していました。素敵な東京滞在をありがとうございました。

マンションタイプ

利用者の声

清潔で、タオル類、洗濯洗剤などもあったので、何も買わず快適に生活できました。長期滞在だったので、浴槽や浴室乾燥機がついていたのも嬉しかったです。また、場所も駅から近く、すぐ近くのビジネスホテルでチェックインができたので、とてもスムーズでした。

（出所）大田区

経営事業、住宅宿泊事業法（民泊新法）のいずれかによる必要がある。

ただし新法では、営業日数に上限があり、採算をとることが難しい場合も多い。営業日数の制限を受けないためには、簡易宿所か特区で行う必要があるが（図表5－3）、この場合には満たすべき物件の条件や地域のハードルが高くなる。

こうした一般住宅以外の様々な活用は、そうした活用を進める主体が地域にいれば、空き家を賃貸、売却できる可能性が出てくるが、自分の所有する空き家がそうした用途に適しているかどうかという点は高いハードルとなる。

公的活用としては、自治体が寄付や無償で借り受けることを前提に物件を募集し、地域のコミュニティ施設にしたり、地方において移住前の体験施設にしたりする例がある。ただし、募集や寄付を受け付けるケースは稀である。このほか、国が2017年度に空き家を高齢者、障害者、子育て、低額所得世帯などの住宅弱者（住宅確保要配慮者）向けの住宅として登録できる仕組みを構築しており、その際、改修費補助、家賃補助などの支援を受けられるようになった。しかし、自治体がこの仕組みの活用に消極的であり、現状ではあまり進んでいない。

土地としての活用

解体した後の土地としての活用は、採算が取れる地域であれば、駐車場などとしての利用が考えられる。公園などのスペースとして地域に開放するため、自治体が土地の無償貸与を募集するケースも稀にある。

放棄ルールの必要性

以上、様々な選択肢について述べてきたが、現実には多くの場合、空き家の処分、利活用に窮する場合が多い。

第1章で述べたが、空き家になっても買い手や借り手を募集せず、別荘等でもないその他の空き家は全国で318万戸存在する。国土交通省の推計によれば、このうち耐震性があって腐朽・破損がなく、簡易な手入れによって活用可能な物件は103万戸あり、さらに駅から1km以内という立地条件を加えると48万戸に減る（前掲図表1－1）。空き家の数は多いが、その状態や今後のコンパクトシティ化の流れを踏まえると、活用可能なものは限られるというのが現実である。かといって、自治体は原則、寄付を受け付けているわけではない。

その場合、使い道のないまま所有者が抱え続けなければならなくなるが、今は管理できても、子々孫々にわたってそれを続けることはいずれ困難な状況に陥る。そうした困難さを見据えて、あらかじめ将来必要になる解体費用を積み立て、次の利用者が現れない場合は跡地を有料で放棄できる仕組みを作り、公的管理に移していく必要性を第4章で指摘した。この仕組みは、人口減少下において国土の荒廃を防ぐという観点からも必要性が高まっていくと考えられる。

section 3

今後の住まい選び——取得後の出口があるか

土地神話の真の崩壊

空き家問題や所有者不明土地問題の深刻化を受け、今後の不動産所有の考え方はどのように変わっていくだろうか。

1990年のバブル崩壊後、土地の値段は右肩上がりに上昇し続けるという、戦後に形成された「土地神話」は崩壊した。しかしその後も、住宅・土地の保有志向が弱まることはなかった。むしろ、価格下落は取得の好機と捉えられた。

しかし、近年の空き家問題や所有者不明土地問題の深刻化は、住宅・土地を持つことの意味を、人々に改めて問うている。現状では取得した以上、最後まで責任を持たなければならず、資産としての価値がなくなったからといって安易に放棄することもできない。売却を含め、自分の後に使う人がいない場合には、固定資産税の納付義務や管理責任を果たし続ける必要がある。

つまりは、取得したとしても最終的に処分できないような住宅・土地は、自分や子孫にとって重荷になるだけだということである。こうした認識が共有されつつある現在は、本当の意味での土地神話の崩壊過程にあると考えられるのではないか。

シェアリングエコノミーが広がりを見せているが、住宅についても今後は、必要な期間に必要な広さや条件の住宅に住めれば十分で、必ずしも所有にはこだわらないという考え方が、じわじわと広がっていく可能性がある。

ケアレジデンスに住み替え可能なマンション

こうした考え方の変化に応えるような、新たな住宅供給の仕組みが登場している。マンション供給の新たな試みを行っているのが、東急不動産による世田谷中町《せたがやなかまち》プロジェクトである。

マンション（ブランズシティ世田谷中町）と介護が必要になった場合の住まいであるケアレジデンス（グランクレール世田谷中町ケアレジデンス）が同一敷地内で開発されている。新築時購入者が対象だが、竣工後5～20年の間であれば、その時点の建物価格の80％、および前払い地代の残余額の買い取り保証が付けられており、ケアレジデンス（賃貸）に住み替えることができる。

購入者にとっては高齢期の住まいの心配がなく、供給者にとってはマンションの人気を高く保つことができれば、居住者の新陳代謝を図ることができる。

つまりこのプロジェクトは、いったん買ったマンションに永住するのではなく、高齢期に住み替える前提で考えており、それを同一敷地内で実現できる仕組みをあらかじめ組み込んでいる。住み慣れた地域に暮らし続けられる安心感を提供するこの制度は、ディベロッパーでは初めての導入だった。価格は、首都圏における新築マンションの平均価格（2017年、5908万円。不動産経済研究所調べ）と、ほぼ同等の水準からとなっている。

供給者にとっては、定借期間満了後は必ず更地にして土地が返還されるため、マンションが寿命を終えて使うに耐えなくなった場合でも、建て替えや解体について区分所有者が合意できないまま放置されるような事態は生じず、更地になった時点で改めて最適な利用を考えることのできるというメリットもある。

現在の老朽化マンションの悩みとしては第4章でも触れたが、修繕積立金の不足により修繕が難しくなっていること、建て替えようにも資金面や合意面で実現できる目途が立っていないことなどが挙げられる。そうしたマンションは中古物件としての価値もなくなっており、売却資金を元手に高齢者向けの住宅に移ることも難しくなっている場合が多い。

しかし、世田谷中町プロジェクトのような仕組みになっていれば、このような悩みとは無縁である。所有権にこだわらなければ、取得後の出口（高齢期の住まい）があらかじめ用意されている合理的な住まいの取得方式と考えることができる。

戸建ての「返せる所有」

戸建てについてはこのような仕組みはないが、最近、いったん購入した住宅を確実に手放すことのできる仕組みが現れた。ミサワホームの仕組みで、取得後何らかの理由で手放したくなった場合、ＪＴＩに土地・建物の権利を移すことで手放せるというものである。その際、残った住宅ローンの返済は免れる。

住宅ローンを組んで住宅を購入する場合で、ローンの残債がある場合でも住宅を売りさえすれば残債の返済を免れるローンの仕組みを、ノンリコース（非遡及型）ローンと言う。ノンリコースローンは、中古住宅が高い価値を持つ住宅市場でなければ実現しにくく、これまで日本では存在しなかった。ミサワホームの仕組みは、実質的にノンリコースローンを実現するものである。

前述のように、ＪＴＩは国の支援を受け、戸建て住宅の賃貸化を促しているが、借り手がつかない場合でも一定の家賃保証を行っており、最低限その賃料収入が見込めるため、ノンリコース化できるようになっている。ただし当該住宅が、あらかじめＪＴＩの性能基準や、ローンの借り入れ条件を満たしている必要がある。性能や立地条件などで十分な資産価値を保つことのできる住宅であるからこそ、ノンリコース化が可能になっている。

この仕組みでは、いったん取得した住宅が売るに売れず、必要がなくなってもローンも含め抱え続けるといった事態は避けることができる。手放したとしても売却益が出て次の住まいの元手にできるわけではないが、ローン返済は免れるため、借金を負ったままということはなくなる。取得後も手放す自由が保証されている住宅と言える。

ミサワホームではこの仕組み（「ミサワライフデザインシステム〔ノンリコオプション付き〕」）の適用を受けられる住宅の開発分譲を行った。ミサワホームはこの供給方式を「返せる所有」と呼んでいる。

所有することの呪縛からの解放

このように最近の住宅市場では、世田谷中町プロジェクトのように取得後の次の住まいを用意したり、ミサワライフデザインシステムのように取得してもその後に返せるようにしたりするなど、取得後の出口を保証する住宅供給が行われるようになっている。

前者は所有権ではなく定期借地権を活用することで実現し、後者はＪＴＩの仕組みを活用することでいったん所有した住宅を返せるようにしている。いずれも、取得した住宅を抱え続けなければならないという所有者が陥りやすい問題が発生しない仕組みとなっている。

こうした所有することの呪縛から解き放たれる新たな住宅供給の仕組みは、今後も様々なものが出てくる可能性が高い。第４章で述べたマイホームリース制度もそうした一例である。

単純に考えれば、取得後の出口のある住宅というのは、中古住宅として確実に売れる物件であれば、それだけで条件を満たしている。しかし日本では中古市場が依然小さく、中古住宅としての価値を保ち続けている物件は少ない。現在は、そのような市場の下で購入者にとって必要な期間だけ住むことができ、不要になったら自由に手放せる住宅供給の新たな試みが現れている状況にあると考えられる。

中古としての価値が保たれる物件とは

一方、中古として確実に売れる物件とはどのようなものであろうか。本書は、不動産購入を指南するものではないため、以下では筆者の考えるポイントを、ごく簡単に述べておく。

第一は、立地であり、駅から近い範囲にあることである。そのような物件であれば、子どもなどが引き継がなくても、少なくとも土地としての価値は残り、次の購入者が現れる可能性が高い。今後、コンパクトシティ政策がさらに推し進められていく流れを踏まえると、居住誘導区域が設定された場合でも、最低限その範囲にある立地かどうかは重要なポイントになる。

第二は、エリアマネジメントがしっかりと行われていることで、エリアと住宅の価値が保たれていることである。第3章では、そのような取り組みによって、中古物件の価値が保たれている地域があることを紹介したが、そのような事例は現状では極めて少ない。一方、欧米先進国では、第1章で述べたように大半の人が中古物件を購入しているが、より具体的には、住宅地として評価の確立されたエリアにおいて、評価の確立された物件に住むことが人々にとって一つのステータスになっている。

将来的にも、日本のすべてのエリアで欧米先進国の域に達するのは困難と考えられるが、近年は物件単位で中古としての価値が残るよう、積極的に取り組んでいる住宅供給業者の例もある。すなわち、自らの供給した住宅についてしっかりとしたメンテナンスを行い、所有者が将来売却したいとの意向を持ったときにその価値が正当に評価されるようにし、さらにその実現を担保するため、物件の売却希望が出た場合は自らが仲介する取り組みである。このように物件単位できちんとした取り組みが行われている場合も、中古として確実に売れる、出口のある物件であると言える。

マンションの場合は、価値を保てる仕組みになっているかどうかは立地のほか、管理組合活動がきちんと行われるかどうかが重要になる。管理組合の中には、自らのマンションを中古市場で競争力を持つ物件にすることを明確に目指して活動している事例もある。

区分所有者の交流促進、管理費削減や空き駐車場の貸し出しなどによる管理組合の収入増などの取り組みのほか、大規模修繕の際に必要になる修繕積立金は当初計画では往々にして資金不足になることが多いが、当初から十分な額を積み立て、適切な維持管理を行うなどの取り組みを行っている。そして、これら取り組みをウェブ上で積極的に発信することで、中古物件を探している人にアピールしている。

こうしたマンションは、中古物件が売りに出された際にはすぐに買い手がつき、新たな区分所有者を得ることで、管理組合の活動が物件老朽化とともに衰退していくリスクが低くなる。

またこのような取り組みにより、所有者にとっては高齢になって高齢者向け住宅・施設などに住み替えたいと思った場合、中古市場で競争力を持つ物件であるため、容易に売却できるというメリットも得られる。一方、マンション購入者にとっては、新築を購入する場合、購入後に管理組合の活動がうまく立ち上がるかどうかわからないというリスクがあるが、管理組合活動がすでにうまく立ち上がっている中古物件を購入すれば、そのようなリスクを避けることができるというメリットがある。

今後の住まい選び

土地神話が真に崩壊しつつあり、将来的には多くの地域で居住誘導区域が設定される可能性が高まっている現在、所有する場合は、価値が残る立地や仕組みになっているかどうかを見極める必要性が高まっている。そのような物件であれば、所有した後の出口があり、仮に筆者が第4章で提案したような放棄ルールが導入されたとしても、最終的に放棄を余儀なくされ、そのために放棄料を支払う必要もない。一方、もはや所有することにこだわらない場合、必要な時期に必要な要件を満たす住宅に住める仕組みのバリエーションは、今後、少しずつ増えていくと思われる。

戸建てでもマンションでも、単に所有すれば終わり、ゴールというわけではなく、その先も見据えて、自分にとって本当に必要な住まいの選択と、取得後の道筋はどうであるかという観点から不動産選びを考え直す時代に入っている。

参考文献

【第1章、第2章】

移住・交流推進機構（2014）「『空き家バンク』を活用した移住・交流促進自治体調査報告書」3月

移住・交流推進機構（2018）「空き家バンクに関する調査　調査研究報告書」2月

国土交通省（2017）『土地白書 2017年版』

所有者不明土地問題研究会（2017）「所有者不明土地問題研究会 最終報告～眠れる土地を使える土地に「土地活用革命」～」12月

総務省自治行政局・島根県江津市（2007）「都市と農山漁村の新たな共生・対流システムモデル調査報告書―空き家活用による農山村滞在と定住を促進するためのシステム構築事業」3月

米山秀隆（2012）『空き家急増の真実』日本経済新聞出版社

米山秀隆（2015）『限界マンション』日本経済新聞出版社

【第3章】

梅千野成央（2013）「『空き家』の未来をデザインする―株式会社MYROOM：倉石智典氏」日本建築学会北陸支部Web広報誌「Ah!」41号

榎本政規（2013）「鶴岡市のまちづくりビジョン」国土交通省都市局「第3回都市再構築戦略検討委員会」（5月15日）配布資料

国土交通省土地・水資源局（2008）『エリアマネジメント推進マニュアル』コム・ブレイン

国土交通省都市局（２０１６）「分野間連携の先行的取組事例集」第7回コンパクトシティ形成支援チーム会議（9月14日）配付資料
酒井優（２０１６）「［埼玉・毛呂山町］毛呂山町立地適正化計画の方向性とその取組み―『導く・保つ・つなぐ』将来都市像の実現に向けて」地域科学研究会研修会まちづくり行政・シリーズ71「立地適正化計画――新時代の策定・運用手法」講演資料
嶋田哲夫・藻谷浩介（２０１３）「『ユーカリが丘』の奇跡」『新潮45』11月号
住宅生産振興財団（２０１０）「第5回住まいのまちなみコンクール審査結果」住宅生産振興財団Web Site
住宅生産振興財団（２０１０）「第5回住まいのまちなみコンクール実施報告」『家とまちなみ』第62号
住宅生産振興財団（２０１１）『私たちがつくる住まいのまちなみⅡ』住宅生産振興財団
全国市町村国際文化研修所（２０１６）「空き家を地域再生の場として活かす―ＮＰＯ法人尾道空き家再生プロジェクトの活動」『国際文化研修』夏
全国宅地建物取引業協会連合会・全国宅地建物取引業保証協会（２０１５）「災害時等における地域貢献活動や地域社会の活性化に係る取り組みに関する調査研究」3月
ちゅうごく産業創造センター（２０１５）「空き家等のリノベーションを通じた地方振興方策調査」3月
鶴岡市（２０１２）「鶴岡市住生活基本計画」3月
豊田雅子（２０１１）「尾道の空き家、再生します―五つの柱で地域をつなぐ」『月刊自治研』5月号
豊田雅子（２０１２）「空き家をとおしてコミュニティの再生を考える」『日本政策金融公庫 調査月報』No.047

豊田雅子（2013）「地域を巻き込み楽しみながら、尾道の空き家を再生―尾道空き家再生プロジェクト」『地方自治職員研修』6月号
豊田雅子（2013）「尾道式空き家再生術 お金をかけず、無理をしない イベント的に楽しめるプログラムを多数用意」『建築ジャーナル』No.1218
豊田雅子（2014）「空き家再生はふるさとの再生」『女性のひろば』2月号
豊田雅子（2016）「DIYからつなげる『坂の町・尾道』」『月刊文化財』5月号
日経アーキテクチュア（2015）「長野・門前町のリノベーションまちづくり、新局面に」日経アーキテクチュアウェブサイト「建物・地域の価値を守る」8月4日
馬場正尊・OpenA（2016）『エリアリノベーション』学芸出版社
林新二郎（2013）「第169回定期講演会 講演録 ユーカリが丘開発の実践を踏まえた街づくり」『土地総合研究』春号
林新二郎（2014）「人口減少時代における持続可能なコミュニティづくり」『季刊住宅金融』秋号
林新二郎（2015）「ユーカリが丘で見るコミュニティビジネス」『不動産経済』Winter
土方健司（2014）「街の活性化を目指した東急電鉄の住みかえ促進の取組」『日本不動産学会誌』第28巻第3号
福岡市建築協定地区連絡協議会（2008）「私たちのまちづくり シーサイドももち・百道浜4丁目A・B住宅地区」『建築協定ふくおか』第2号
毛呂山町（2017）「毛呂山町立地適正化計画」2月

矢吹剣一・西村幸夫・窪田亜矢（２０１４）「歴史的市街地における空き家再生活動に関する研究―長野市善光寺門前町地区を対象として」『都市計画論文集』Vo.49 No.1

【第4章】

浅見泰司・上田真一・山口敏彦・山崎福寿（２０１８）「座談会 空き家・空き地問題について」『季刊 住宅土地経済』２０１８年冬季号

五十嵐敬喜（１９９０）『検証土地基本法――特異な日本の土地所有権』三省堂

五十嵐敬喜編著（２０１４）『現代総有論序説』ブックエンド

小川竹一（２０１４）「久高島の土地総有の意義」沖縄大学『地域研究』No.13

加藤雅信（２０１５）「急増する所有者不明の土地と、国土の有効利用」高翔龍他編『日本民法学の新たな時代――星野英一先生追悼』有斐閣

小林秀樹（２０１７）「マンション解消制度のあり方―建替えの困難さを踏まえて」『マンション学』第36号

齊藤広子（２０１４）「マンションにおける空き家予防と活用、計画的解消のために」浅見泰司編著『都市の空閑地・空き家を考える』プログレス

田處博之（２０１５）「土地所有権は放棄できるか―ドイツ法を参考に」『論究ジュリスト』第15号

土地総合研究所（２０１７）「人口減少下における土地の所有と管理に係る今後の制度のあり方に関する研究会 平成28年度とりまとめ」『土地総合研究』春号

福島正夫（１９６８）『地租改正』吉川弘文館

吉田克己（２０１５）「都市縮小時代の土地所有権」『土地総合研究』第23巻第2号

米山秀隆（１９９７）『日本の地価変動―構造変化と土地政策』東洋経済新報社

捨てられる土地と家

2018年7月31日　第1刷発行

著　者　　米山秀隆
発行者　　江尻 良
発行所　　株式会社ウェッジ

〒101-0052
東京都千代田区神田小川町1-3-1 NBF 小川町ビルディング3階
電話：03-5280-0528　FAX：03-5217-2661
http://www.wedge.co.jp
振替：00160-2-410636

ブックデザイン　　TYPE FACE（AD 渡邊民人・D 谷関笑子）
DTP 組版　株式会社リリーフ・システムズ
印刷・製本所　　図書印刷株式会社

ISBN　978-4-86310-204-0　C0036
定価はカバーに表示してあります。